아는여행
02

JECHEON & CHUNGJU
제천 그리고 충주

로컬 큐레이터와 로컬 브랜드, 그들이 아는 제천과 충주

URBANPLAY

CONTENTS

PROLOGUE	프롤로그	/	시작하는 글	09
TRAVEL	아는여행	제천	제천간디학교 교장 | **이병곤**	18
		제천	영화감독 | **허진호**	38
		충주	작가 | **기낙경**	58
		충주	온다책방 대표 | **서혜진**	80

MARKET	전통시장	제천	은근한 향과 맛을 품은, 제천 시장	102
		충주	네 가지 매력을 한 번에, 충주 시장	118
BRAND	선식과 사과	제천	청춘애한방	136
		충주	햇빛농원	148
RECIPE	로컬 레시피	제천 + 충주	한방 선식과 사과 시럽	158
PLACE	50 SPOTS	제천 + 충주	여행을 떠나기 전 훑어야 할 50곳	166

PROLOGUE

두 번째 《아는여행》을 준비하는 사이에 봄이 왔습니다. 단양과 영월을 취재할 땐 온몸에 핫팩을 붙이고 다닐 정도로 추웠는데 말이죠.

제천과 충주는 따뜻했습니다. 날씨도 그러했지만 봄이 스멀스멀 피어나는 풍경이 그윽하고 정겨웠어요. 틈날 때마다 차에서 내려 좀 걸었습니다. 개울가에서 봄나물을 캐는 어르신, 도로변을 한가로이 가로지르는 고양이, 빛을 받아 반짝이는 함석지붕…. 모든 게 봄을 가리키고 있었습니다. 또한 이번 여행에선 지역 음식을 가득 먹었습니다. 제천의 약초, 충주의 사과에서는 지금이 아니면 맛볼 수 없는 봄의 기운이 느껴졌어요. 두 가지 모두 땅에서 자란 것이니 더욱 그럴지도 모르겠군요.

과수원, 책방, 호수, 절 등 제천과 충주를 오가며 여러 곳을 방문했습니다. 그런데 저는 딱 한 곳을 말하며 이번 프롤로그를 마감하고 싶어요. 물론 그곳보다 더 아름답고 멋진 공간이 있지만 어쩐지 두 번째 책을 내는 지금 말해야만 할 것 같습니다.

제천의 간디학교를 찾아갔을 때 지나가는 아이들마다 저에게 꾸벅 인사를 해주었어요. 모르는 사람한테 얼마 만에 받아본 인사였는지요. 저는 전학생처럼 쭈뼛거리며 어설프게 인사를 받았습니다. 낯설지만 따뜻했어요. 간디학교 교장선생님을 만나고 아이들이 배우는 커리큘럼에 대해 자세히 들었지만 사실 인사만으로 알 수 있었지요. 아, 여기 아이들은 이런 걸 배우는 거구나 싶었어요. 모르는 존재에게 먼저 다가가는 태도. 그리고 그건 곧 인생을 처음 살아보는 우리 여행자에게 필요한 자세라는 생각이 들었습니다. 아이들에게 한 수 배운 셈이죠.

제천과 충주를 처음 여행하는 이들에게, 혹은 무엇이든 처음 도전하는 이들에게 아이들의 스스럼없는 용기와 마음을 전해주고 싶습니다. 어른이 된다는 건 점점 더 겁쟁이가 되는 거잖아요.

그럼 다음 《아는여행》이 나올 때까지 건강히, 모두 용감히, 각자의 삶에서 여행하고 있기를. 우리 여름에 만나요.

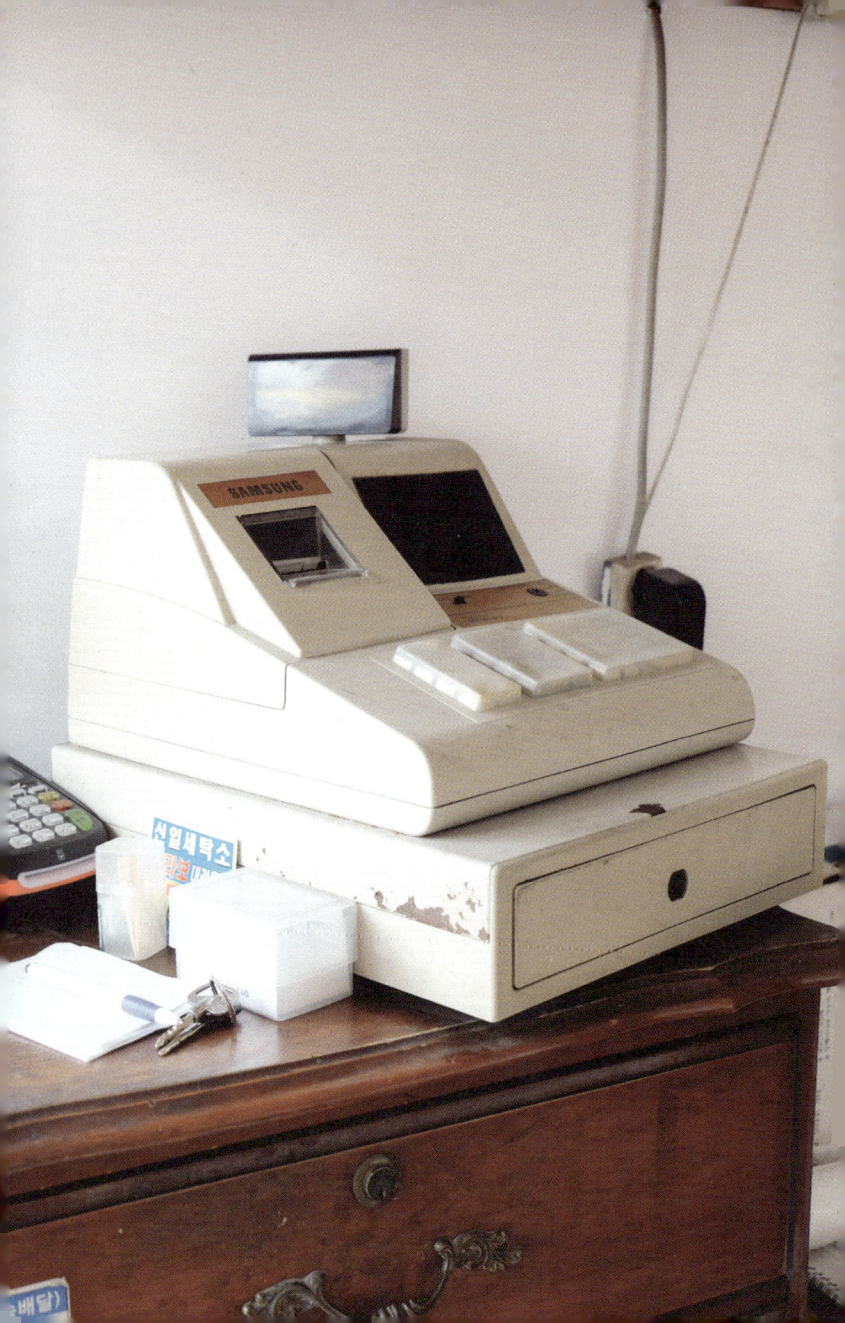

TRAVEL
아는여행

네 사람의 로컬 큐레이터
그들이 아는 제천과 충주

제천

01 제천간디학교
02 누리마을 빵카페
03 정방사
04 청풍호 전망대
05 백봉산마루주막
06 의림지
07 대추나무집
08 한국차문화박물관
09 청풍랜드
10 능강계곡

충주

11 공이분교
12 충주호 월악선착장
13 상촌식당
14 램프의 향기
15 온다책방
16 소원이네 밥상
17 커피상점 교동
18 카페 나름
19 공수표
20 호암지

제
천

TRAVEL

LOCAL **CURATOR**
제천간디학교 교장 이병곤

보이는 만큼의 아름다움

"땅이 메마르며, 산이 높고 기후가 일찍 추워진다." 《세종실록》 149권에 묘사된 제천현堤川縣의 특징이다. 덕산면으로 이사 왔을 때 이웃들이 말했다. "이곳은 겨울이 6개월"이라고. 산간 내륙에서 혹독한 겨울을 지내보면 이 말이 과장이 아니라는 걸 알게 된다. 하지만 겨울에도 아름다운 곳이 제천. 사실 이곳은 사계절 내내 아름답다. 산자락에 속닥거리듯 형성된 부락, 논과 밭, 과수원이 서로 손을 잡고 잇달아 있다. 청풍호나 의림지 같은 호수가 곁에 있어 산세를 더 풍요롭게 만든다. 사람들은 친절하지도 무뚝뚝하지도 않다. 마음을 일부러 드러내지도 않고 자신의 표현에 구구절절 장식을 달지도 않는다. 담백하면서 순박하다. 이 고장 출신 산악인 허영호의 이미지와 똑 닮았다. 인구는 13만여 명인데 관할 지역이 남북으로 길게 뻗어 있고, 충청북도 전체 면적의 12%나 차지한다. 명승고적이 많기에 자신의 취향을 고려하여 방문 계획을 잘 세워야 알차게 둘러볼 수 있다.

TRAVEL | 제천
STORY | 이방인

01   사랑, 자유, 교육

제천간디학교

ADD 충북 제천시 덕산면 약초로 561
TEL 043 653 5792~3   **WEB** gandhischool.org

사랑과 자발성의 교육으로 행복한 사람을 키우고자 설립한, 우리나라의 대표적 비인가 기숙형 대안학교다. 마하트마 간디Mahatma Gandhi의 철학을 이어받아 비폭력, 자립, 마을공동체, 생태, 평화의 교육 이념을 표방한다. 개교한 지 20년이 지난 지금, 학생 105명과 교직원 28명이 덕산면 선고리 일대에서 공동체를 이루며 살고 있다.

우선 학제 구성이 독특하다. 1~4학년(고 1에 해당)이 골고루 섞여 9~10명의 학생이 하나의 반이 된다. 담임교사가 멘토 역할을 하기에 '멘토반'이라 부른다. 통합 학년으로 편성한 여덟 개의 멘토반이 수평적 구조를 이룬다.

한 학기를 절반으로 쪼개어 두 개의 '분기'를 만들었다. 각각의 분기에는 모든 교과를 관통하는 단일 주제를 선정한다. 2018년 1학기의 전반기 주제는 '레이첼 카슨의 《침묵의 봄》으로 바라본 우리 사회'다. 교사가 준비해야 할 것도 있지만 학생들의 자발적 제안이나 조언을 따르기도 한다. 매 학기 후반기 주제는 학생들이 직접 선정한다. 현재 학생회는 'Me Too 운동의 사회적 의미' 또는 '남북 정상회담과 동북아의 정세' 가운데 무엇을 고를지 논의 중이다.

학교 교칙과 생활 수칙 들은 매주 금요일 오전 전교생이 모이는 '가족회의'를 통해 결정한다. 학생과 교사 모두 1인 1표를 행사할 수 있다. 학생회는 필요한 경우 모든 학교 규칙을 백지화하고, 새로운 숙의 과정을 거쳐 진전된 규칙을 설정한다. 대표적인 사례가 휴대전화 사용 방식인데, 지난 2년 동안 '전면 규제 → 완전 자유화 → 주중 일과 시간만 부분 규제'로 규칙이 바뀌어왔다.

국가 교육 과정을 따르지 않지만 우리 사회에서 진정으로 필요한 자유교육, 민주적 시민성을 기르는 공민교육이 '비인가 대안학교'인 제천간디학교에서 생생하게 진행되고 있다. 그들의 실험이 어떤 열매를 맺을지 따뜻한 눈빛으로 기대하기 바란다.

02 마을의 젊은 생기

누리마을 빵카페

OPEN 10:00~22:00 / 명절 휴무
ADD 충북 제천시 덕산면 약초로3길 19 **TEL** 070.8901.0482

인구 2천여 명이 모여 사는 작은 면에 빵, 쌀국수, 파스타 등을 즐길 수 있는 카페가 있다. 누리마을 빵카페는 2010년에 농촌공동체연구소가 설립한 사회적 기업으로, 20대 '덕산 청년' 다섯 명이 꾸려간다. 청년들 모두 간디학교 출신이고, 설립자와 운영자도 간디학교의 교사 또는 학부모다.

빵을 만들 때 뽕, 수수, 밀 등 지역에서 나는 유기농 식재료를 사용한다. 그래서인지 매일 갓 구워내는 빵 맛은 담백하고 신선하다. 케이크나 디저트류 등 빵 이외에 새 제품을 개발하기 위해 아이템을 바꿔가며 실험하고 있다. 이곳 제빵사들은 어릴 때부터 '빵아저씨'나 '제빵작업장' 같은 동아리 또는 작업장 활동을 통해 경험을 쌓아왔고 그 솜씨는 자랑할 만하다. 물론 제빵자격증도 갖고 있다. 가장 잘 나가는 메뉴는 '떡빵'이다. 보름달 모양의 얇은 바디에 쫄깃한 떡의 식감이 숨어 있는 빵으로 이 지역 스테디셀러다.

베트남 쌀국수는 얼큰한 국물이 일품이다. 불맛 나는 닭고기 살과 탄력이 살아 있는 국수의 질감, 그리고 깊게 우려낸 국물의 삼박자가 잘 맞는다. 나는 셰프 이원범 씨에게 "토착화한 베트남 쌀국수 맛"이라고 늘 칭찬해준다. 봉골레 파스타의 국물 역시 쌀국수에 뒤지지 않는다. 푸짐하게 들어간 대합과 속 깊은 국물의 향취가 잘 어우러진다. 분명히 이탈리아 음식을 먹었는데 한식을 먹은 뒤에 느껴지는 풍미와 개운함이 뒤따라온다.

누리마을 빵카페는 덕산 면민들에게 소중한 공간으로 자리 잡았다. '간디러(제천간디학교 관계자들)'뿐만 아니라 어느덧 인근의 초·중학교 교사, 공무원, 귀농·귀촌한 이들의 도시 향수를 달래주는 사랑방이 되었다. 최근에는 덕산면 선주민들의 발길도 잦아지고 있다. 청년들을 지역으로 돌아오게 만드는 이 공간이 마을과 누리를 더 환하게 밝혀주기를 바라본다.

TRAVEL STORY | 제천 이병근

03

고요 속으로 가는 길

정방사

ADD 충북 제천시 수산면 옥순봉로12길 165　**TEL** 043 647 7399

절 이름을 앞에 두고 '가성비' 운운하는 일은 불경스러운 언행이지만 금수산 자락에 자리 잡은 정방사淨芳寺를 떠올리면 대뜸 이 단어부터 떠오른다.(이 절을 세웠다는 의상 대사님, 죄송!) 수산면 능강계곡 초입부터 솔숲길을 2km쯤 천천히 걸으면 정방사 입구에 다다른다. 원통보전을 등지고 정면을 바라보자. 탄성이 절로 나온다. 마치 '산 밖의 산 밖의 산들'이 보는 이의 눈앞으로 내달려오는 듯하다. 맑은 날 감상하면 청풍호가 수반처럼 고요하고, 운무가 낀 날엔 수묵화의 농담처럼 포개진 산들이 침묵의 잔치를 벌이는 듯하다.

발걸음을 옮겨 서쪽 끝으로 향하면 작은 지장전이 바위 곁을 지키고 있다. 지장보살에게 인사를 드리는 동안에도 눈길은 자꾸 절벽 아래 풍경을 더듬는다. 그곳에서 바라보는 경치는 아기자기한 맛을 풍긴다. 주변의 노송들이 우아한 프레임을 만들어주기에 호수와 산의 조화에 운치를 더한다. 이곳에서는 최소한 10분 이상 침묵을 지키며 발아래 펼쳐진 풍광을 관조하는 것이 예의일 것이다.

경내를 한 바퀴 돌고 하산하기 전 빠뜨리면 아쉬울 곳이 하나 더 있다. 바로 해우소解憂所다. 세상에서 가장 아름다운 화장실이라 하니 꼭 방문하시길 권한다.

TRAVEL STORY 제천 이병곤

04 높은 곳에서 낮은 마음을

청풍호 전망대

ADD 충북 제천시 수산면 괴곡리
/ 백봉산마루주막을 지나 자드락길을 따라 올라가면 끝에 전망대가 있다

이름은 거창한 듯해도 거의 알려지지 않은 곳이다. 남한강 줄기에서 청풍호가 막 시작되는 지점과 옥순봉 사이에 있는 전망대인데, 자동차로는 접근하기 힘들다. 정방사에서 바라본 전망이 산줄기와 호수를 주선율로 하여 빚어내는 실내악곡이라면 이곳 청풍호 전망대에서 조망하는 풍경은 주변 자연의 악기가 제각각 자신의 소리를 내뿜는 전원교향곡에 가깝다.

주변에 시선을 가로막는 장애물이 하나도 없기에 360도 '파노라믹 뷰'를 고스란히 볼 수 있다. 그 어떤 사진이나 동영상도 우리 신체가 지각하는 자연의 장쾌함을 대신해줄 수 없다. 삶이 자신을 옥죈다고 느낄 때 청풍호 전망대로 가길 추천한다. 거친 바람에 머리칼 휘날리며 자연이 연주하는 교향시를 온몸으로 들어야 한다. 풍경의 웅장함 앞에 그대가 머리 숙이는 동안 마음은 절로 비워질 것이다.

남쪽으로 월악산, 북쪽으로 금수산이 우뚝 서 있고, 산과 산이 어깨동무를 하며 몰려다니는 듯하다. 청풍호가 없었다면 이 주변은 숨이 막힐 듯 험악한 형색이었으리라. 특히 여름 장마 이후 8월경 수면이 한껏 높아졌을 때는 작열하는 태양에 반사된 수반 위 물결들이 보석처럼 빛난다. 동쪽을 바라보면 붉은색 옥순대교가 주변의 경관과 찬란한 보색 대비를 이룬다. 교각 위에 얹힌 오렌지빛 트러스는 자신이 쇳덩이라는 사실을 잊고 자연의 일부로 스며든다. 청풍호는 내륙 가운데 내륙인 제천의 숨통을 틔운다. 산은 물 가까이 있어 더 장엄하고 물은 산 곁에 있으니 호젓하며 인자롭다. 제천의 사계절이 내내 아름다운 이유다.

05　　　　　　　　　　　　　　　　　산바람을 안주 삼아

백봉산마루주막　　ADD 충북 제천시 수산면 지곡로2안길 168-92　TEL 010 9836 9910

전망대에서 내려오는 길에 있는 '백봉산마루주막'을 그냥 지나치면 크게 후회할 것이다. 주막을 등진 채 산바람에 땀을 식히며 눈앞의 풍경을 바라보자. 포장도로와 전깃줄 하나 볼 수 없는 외딴 곳을 망연히 바라볼 때면 시간에 대한 경외감마저 생겨난다. 신선의 마음을 알 것 같기도….

소담하게 장식한 주막집 툇마루에 걸터앉아 솔잎막걸리 한 되를 시킨다. 쌉싸름한 산초두부까지 곁들이면 금상첨화다. 쓸쓸하고 아름다운 산등성과 은어 비늘처럼 빛나는 물이 발아래 있다. 장쾌한 비경을 혼자 품고 왔다는 은밀한 정서가 달달한 막걸리에 녹아들 때면 현실과 멀어지는 기분이다. 술이 아닌 풍경에 취하는 것이다. 어느새 나는 하산할 시간조차 잊어버린다.

JECHEON GANDHI SCHOOL 제천간디학교 작업장 소개

제천간디학교에는 여덟 개의 작업장이 있다. '자립'을 강조한 간디의 정신을 이어받으면서, 노작교육work oriented education의 이념도 함께 고려한 교육 과정이다. 노작은 생산물의 경제적 가치나 유용성을 우선하지 않는다. 단순 직업교육도 지양한다. 노작의 경험을 통해 인지, 도덕, 심리, 심미적 성장을 자극하는 종합 교육이 이뤄지도록 설계했다.

01 간디자인

일상품을 디자인하고 만드는 핸드메이드 작업장. 소량 생산과 수공예 작업을 지향한다. 폐자원을 활용한 창의적 생산 활동을 선호한다. 옷이나 가방 수선과 리폼, 직조 기술, 매듭 기술 등을 활용한 작품을 만들어 판매한다.

02 농사작업장

'꾸러미' 사업을 추진하고 있다. 학교 밭에서 나온 농산물을 꾸러미로 만들어 학부모에게 제공하고, 농산물 종류와 소비자 특성을 분석해 연계한다. '세상에서 제일 느린 레스토랑' 프로젝트도 진행한다. 봄에 주문을 받아 늦여름에 식재료를 생산하고 그것을 음식으로 만들어 제공한다.

03 도예작업장

흙을 빚고 물레를 돌려 작품을 만든다. 도예가 심곡 안주현 선생이 6년째 아이들과 활동하고 있다. 흙을 다루는 숙련 과정을 거쳐 자신만의 스토리를 담아 작품을 만든다. 작가 탐방이나 전시 관람도 이뤄진다. 토우, 컵, 접시, 액세서리 등을 만들어 판매하는데, 특히 이들 제품은 축제 부스를 운영할 때 인기가 높다.

04 목공작업장

나무를 가공해 책꽂이, 탁자, 의자 등 생활 소품을 제작한다. 나무를 깎고, 이음새를 만들고, 칠하는 작업에는 좋은 근력과 고도의 집중력이 필요하다. 2017년에는 '현관 입구 신발장 프로젝트'를 완성해 전교생의 칭찬을 받은 적이 있다.

05 생활기술작업장

자립과 지속 가능한 삶이 가능하도록 적정 기술을 익힌다. 바람, 햇빛, 물을 이용해 화석에너지 사용을 줄이는 기술에 집중한다. 태양광, 화목난로, LED 조명등, 공기 청정기 제작 등이 주요 활동이다.

06 음식작업장

음식 기술을 배워 기숙사에 간식을 납품하고 시크릿 레시피를 개발한다. 직접 기술을 익히는 과정에서 식재료의 특성 파악, 조리법, 동료들과의 협업 능력을 기른다. 학교 간식을 스스로 만들어 납품하는 제작 공정을 통해 작업 과정 전반을 이해하며 책임감을 기른다.

07 제과제빵작업장

'간디러'들에게 양질의 빵을 제공하는 것이 목표다. 유정란, 간디 토종밀, 유기농 우유 등 몸에 좋은 재료를 사용한다. 일부 식재료는 농사작업장과 연계해 공급받고, 월 2~3회 학교에 납품하고 있다.

제천간디학교 교장 **이병곤**

대안교육 '판' 주변을 20여 년간 기웃거리다 2017년부터 제천간디학교 교장으로 일하고 있다. 진정한 교육은 자유롭고 평등한 인간관계에서 비롯된다는 믿음을 확인해가고 있다. 현장에 있으면 연구가 목마르고, 연구하는 동안에는 현장이 자신을 부르는 것 같은 착각 속에서 산다. 재즈 듣기, 미술관 전시 관람을 좋아하지만 작년에 학교 일을 시작한 뒤로는 꿈도 못 꾼다. 건신대학원대학교 대안교육학과에서 겸임교수 노릇도 한다. 《학교, 국가 그리고 시장》, 《희망의 인문학》, 《위기의 학교》, 《넘나들며 배우기》 등 교육학 관련 책을 번역했다.

FOLLOWING 5 SPOTS
WITH BYEONG-GON

마음을 풍요로 채우다

제천간디학교 교장 이병곤이 추천하는 장소는 배움을 얻고 동시에 평화를 느낄 수 있는 곳이다. 제천간디학교에서는 자율교육의 참된 모습을 볼 수 있고, 누리마을 빵카페에서는 그 정신을 이은 사회적 기업의 따뜻함을 맛볼 수 있다. 정방사와 청풍호 전망대에서 자연의 장엄함을 느끼고, 백봉산마루주막에서 바람을 맞으며 막걸리 한잔 걸치면 마치 신선놀음을 하는 것 같다.

01 정방사   날씨에 따라 다채로운 분위기를 보여주는 절이다. 절벽을 등지고 풍경을 바라보고 있으면 마음이 평온해진다.

02 청풍호 전망대   숲길을 지나 전망대에 오르면 눈이 크게 뜨이는 장관이 기다리고 있다. 제천의 청풍호를 제대로 즐기고 싶다면 꼭 들러야 할 장소.

03 백봉산마루주막   좁은 비탈길을 따라 조심조심 올라가야 도착할 수 있는 곳. 절경을 앞에 두고 마시는 술맛은 남다르다.

04 누리마을 빵카페   이름과 다르게 빵만 팔지 않는다. 간디학교 출신 요리사가 만드는 쌀국수와 파스타 맛이 일품.

05 제천간디학교   우리나라의 대표 비인가 기숙형 대안학교다. 다채로운 배움으로 채워져 대안교육에 관심이 있다면 방문해 봐도 좋을 듯하다.

제
천

TRAVEL

LOCAL **CURATOR**
영화감독 허진호

나는 허진호 감독의 〈8월의 크리스마스〉와 〈봄날은 간다〉를 통해 하나의 사랑을 여러 유형으로 보게 되었다. 어렸을 땐 그것을 90년대 사랑이라 여겼고, 조금 더 커서는 어른의 사랑이라 간주했다. 지금은 그냥 사랑이라 말하고 있다. 이리 부르든 저리 부르든 사랑에 관해 많은 고민을 하게 했다는 뜻이다. 나는 자라면서 그런 영화를 만든 사람이 궁금했다. 정확히 말하면 그런 영화를 만든 사람의 정서가 궁금했다. 남자는 서울의 한 사무실에 있었고 음악영화제를 준비한다고 했다.

INTERVIEW

간단한 소개 부탁드려요.
예, 안녕하세요. 저는 제천국제음악영화제 집행위원장 허진호입니다. 또한 영화감독이기도 합니다.

지금 이 공간은 어떤 곳인가요?
여기는 제천국제음악영화제 서울 사무국이고요, 제천에도 사무국이 있습니다. 지역 문화를 소개하는 프로그램이나 지역 시민과 소통하는 프로그램을 준비할 땐 제천 사무국에서 일하고, 전반적인 일은 서울에서 하고 있어요. 이제 막 올해 영화제 준비를 시작했습니다.

영화제 준비를 하지 않을 땐 보통 어떻게 지내시나요?
뭐, 영화감독이기도 하니까 시나리오를 쓰면서 어떻게 영화를 만들까 고민하고 있습니다. 이미 다음 영화를 준비하고 있는데 정리되지 않아서 말씀드리기가 어렵네요.

제천국제음악영화제가 14회까지 진행됐어요. 감독님이 언제 위원장을 맡게 된 거죠?
9회 때니까, 2013년에 처음 왔네요.

당시 누구에게서 제안이 온 건가요?
저도 위원장을 하게 될 거란 생각은 못 했는데, 이 영화제를 만든 전임 위원장이자 함께 영화 작업을 했던 조성우 음악감독이 제안했어요.

영화제가 제천에서 열린 까닭이 있을까요?
글쎄요. 그 당시 제천 시장님이 영화제를 만들려고 했던 것 같아요. 세상엔 수많은 영화제가 있잖아요. 좀 특화된 영화제를 진행하면 어떨까 해서 음악영화제로 추진했다고 해요. 어떻게 보면 조성우 전임 위원장이 영화제를 거의 만들다시피 했죠.

호수 주변에서 영화를 상영한다고 들었어요. 여름의 야외 극장은 어디서 열리는 건가요?
제천의 의림지라고, 아마 초등학교 때 배웠을 텐데 삼한시대 때부터 있던 역사 깊은 저수지예요. 지금은 제천 시민들의 휴식 공간으로 사용되고 있고요. 영화제가 열리면 야외 무대를 설치하고 영화 상영과 공연을 해요. 시민들과 함께 어울릴 수 있는 인디밴드와 디제이 공연이 있습니다.

──────── **PLACE** 의림지 **ADD** 충북 제천시 의림지로 24 **TEL** 043 651 7101 **FEE** 무료

청풍랜드에서도 영화제가 진행된다고 들었는데 의림지와 어떤 차이가 있나요?
글쎄요, 일단 유료라는 것?(웃음) 의림지 무대에선 인디밴드가 주로 공연하고, 청풍랜드 무대에선 매체를 통해 대중들에게 많이 알려진 팀이 공연해요. 그리고 청풍랜드에서 개막식과 개막 공연도 합니다. 아무래도 직업이 직업이다 보니 영화제에 자주 다니는데 제천국제음악영화제 개막식이 가장 재밌어요. 왜냐하면 음악이랑 영화가 함께하니까 즐길 거리가 풍성하거든요. 타 영화제의 경우 음악이 들어가면 구색 맞추는 느낌이 있잖아요. 제천국제음악영화제만의 프로그램인데, '시네마 콘서트'라고 무성영화 관람과 함께 아티스트의 라이브 연주를 들을 수 있어요. 밤 10시부터는 '원 썸머 나잇' 공연이 이어지고요.

──────── **PLACE** 청풍랜드 **OPEN** 10:00~18:00 / 월요일 휴무
* 월마다 운영시간이 다르니 인터넷으로 확인하고 가는 것이 좋다.
ADD 충북 제천시 청풍면 청풍호로50길 6 **TEL** 043 648 4151

한 회 한 회 지날수록 영화제가 자리 잡고 있다는 것을 느낄 것 같은데, 감독님이 보시기엔 어떤 변화가 있는 것 같나요?
제천은 분명 장점이 많은 도시예요. 풍경도 좋고 맛있는 음식도 있고…. 그런데 단점도 있어요. 인구가 적어서인지 숙박 시설이나 영화관 같은 인프라가 적어요. 이 영화제를 어떻게 발전시켜나갈 것인지를 항상 고민하고 있어요. 그리고 국제영화제인 만큼 해외

영화계와의 교류도 중요하게 생각하고 있죠. 작년부터 국내 영화감독에게 주는 상의 범위를 넓혀서 아시아영화음악상을 만들었어요. 저희가 아시아에서 유일한 음악영화제이기 때문에 그런 정체성을 갖고 가려고 해요.

1년에 열 번 정도 제천에 다녀오신다고요. 제천의 사계절을 보았을 것 같은데, 어떤 계절이 가장 아름다워요?
겨울을 제외하고 다 봤어요. 영화제가 열리는 여름이 가장 아름답죠. 당연한 얘기를.(웃음)

저희한테 추천해준 코스가 있잖아요. 어떤 곳인지 소개 좀 해주세요.
봉양읍에 폐교를 개조해 만든 차 박물관이 있어요. 저는 비 오는 여름날에 갔는데, 운동장에 있는 나무와 풀 들이 정말 아름다웠어요. 관장님이 내어주신 보이차도 좋았고요.

PLACE 한국차문화박물관　**OPEN** 10:00-18:00 / 월요일 휴무
ADD 충북 제천시 봉양읍 국사봉로 741　**TEL** 043 651 8800

저는 대추나무집도 궁금했거든요. 음식들이 소담하게 나오더라고요.
대추나무집은 전임 위원장에게 소개받은 곳이에요. 제천이 약초로 유명하잖아요. 메인 메뉴인 소고기 로스도 질이 좋지만 밑반찬으로 나오는 약초들이 굉장히 맛있어요. 두 사장님도 음식에 애정과 열의가 대단하시고요. 심사위원들과 마지막 회의를 하거나 게스트들이 올 때 자주 가는 곳이에요.

——————————— **PLACE** 대추나무집 **OPEN** 12:00-20:30 / 예약 후 방문
ADD 충북 제천시 의병대로12길 15 **TEL** 043 644 3489

제천에 가보고 싶은 곳이 있나요?
능강계곡요. 작년에 사회를 맡은 배우 이하늬 씨가 가봤는데 너무 평화롭고 좋다고 하더라고요. 저희 영화제는 휴양영화제라고 불리기도 하거든요. 낮에 계곡에 앉아 더위를 피하고 저녁이 되면 영화 한 편 보고 술도 좀 마시면 좋을 것 같아요. 나중에 꼭 가보려고요.

——————————— **PLACE** 능강계곡 **ADD** 충북 제천시 수산면 옥순봉로 12길 3

음악영화제의 심사 기준을 여쭤보고 싶어요.
제가 직접 심사를 하는 건 아니고요, 선정은 프로그래머가 해요. 다른 영화제 심사와 크게 다르지 않은 것 같아요. 얼마나 울림이 있는지, 새로움이 있는지, 공감할 수 있는지를 보는 것 같아요.

그럼 영화제 심사를 떠나, 감독님이 영화를 만들 때 중요하게 여기는 점은요?
촬영하면서 이것이 말이 되는지, 자연스러운지, 개연성이 있는지 많이 고민해요. 영화라는 게 대략 주어진 시간에 없는 이야기를 만들어가는 거잖아요. 그런 상황에서 어떤 이야기를 자연스러운 서사로 풀어내는 건 어려운 일인 것 같아요. 그리고 저는 찍으면서 정서적인 느낌이 중요할 때가 있어요.

근본적인 게 궁금해요. 좋은 영화란 무엇일까요? 제가 생각하는 좋은 기사는 독자를 움직이게 만드는 글이거든요. 가령 제가 제천에 관한 기사를 썼다면 그걸 읽은 독자가 제천에 찾아가는 거고, 감독님에 관한 글을 썼다면 감독님이 너무 궁금해서 검색해보는 거죠.

글쎄요, 예전엔 "좋은 영화 만드세요" 혹은 "감독님이 만든 좋은 영화 보고 싶습니다"라는 덕담을 많이 나눴어요. '좋은 영화'라는 말이 많이 쓰인 시기가 있었죠. 그런데 그 말이 지금은 '대박 날 영화'로 바뀌었어요. 그렇기에 좋은 영화가 무엇이냐는 질문의 답은 각기 다를 수밖에 없는 것 같아요. 저도 잘 모르겠지만 무언가 있는 것 같긴 해요. 제 기준에는 보고 나서 여운이 남고, 술 한잔 마시고 싶다는 기분이 들게 한 영화가 좋지 않았나 싶어요.

영화를 본격적으로 찍기 시작한 때가 90년대인가요?
제가 98년에 데뷔를 했죠.

지금과 그 당시 영화 제작 환경을 비교했을 때 어느 시기가 낫나요?
영화는 그때도 만들기 힘들었던 것 같고요.(웃음) 단지, 지금은 아까 표현한 것처럼 "좋은 영화 만드세요"라는 덕담이 "대박 나세요"로 바뀐 시기가 온 거예요. 뭐, 저는 그럴 수도 있다고 생각하지만, 그것 때문에 누구는 예측을 하게 됐어요. 영화는 이렇게 하면 잘된다, 하는 예측요. 물론 그 예측이 항상 성공하지도 않지만, 저는 예측이 빗나갔을 때 더 다양한 영화가 나온다고 생각해요.

짧지 않은 시간 동안 영화를 만드셨어요. 그 동력에 대해 묻고 싶어요.
어려운 질문인데…. 운이 좋지 않았나 싶어요. 영화감독이 가장 바라는 건 영화를 계속 만드는 일이니까요. 그런 의미에서 저는 운이 좋았던 것 같아요.

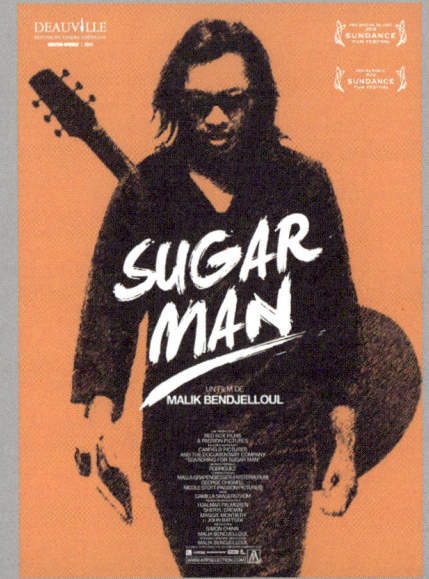

01 서칭 포 슈가맨

02 다방의 푸른꿈

RECOMMEND

자연, 바람, 영화

허진호 감독은 위원장이기도 하지만 이전에 게스트로서 영화제에 참여했다. 누구보다 제천국제영화제의 성장을 멀리 그리고 가까이에서 지켜본 인물. 그런 그가 제천국제음악영화제 개막작 중 두 작품을 꼽아 소개했다. 그의 추천작을 찾아 보며 여름에 열릴 영화제를 기다리는 건 어떨까.

01 서칭 포 슈가맨 Searching for Sugarman

감독 | **말릭 벤젤룰**

제8회 제천국제음악영화제의 개막작으로 선정·상영된 작품으로 미국 포크록의 아이콘이었던 '식스토 로드리게즈'를 찾아 떠나는 다큐멘터리입니다. 죽었다고 여긴 감독의 모습이 영화 말미에 드러나는 순간 전율이 찾아드는데요, 영화 내내 흐르는 로드리게즈의 음악도 빼놓을 수 없는 부분입니다. 제85회 아카데미 시상식에서 장편 다큐멘터리상을 수상하기도 했습니다.

02 다방의 푸른 꿈 Try to Remember

감독 | **김대현**

김대현 감독의 〈다방의 푸른 꿈〉은 한국 영화 최초로 제천국제음악영화제 개막작으로 선정된 작품입니다. 미국 라스베이거스에 입성한 한국 최초의 걸그룹 '김시스터즈'의 이야기를 담은 다큐멘터리로, 김시스터즈 멤버 김민자 선생님이 영화제 개막에 맞춰 30여 년 만에 한국을 찾아 공연을 했습니다.

영화감독 허진호

1998년, 데뷔작 〈8월의 크리스마스〉로 대종상 영화제, 청룡영화상, 황금촬영상, 백상예술대상, 영화평론가협회상 등에서 신인감독상 및 감독상, 작품상을 수상했다. 이후 〈봄날은 간다〉, 〈외출〉, 〈행복〉, 〈호우시절〉, 〈위험한 관계〉 등 '허진호표' 멜로를 지속적으로 선보였으며 2016년 영화 〈덕혜옹주〉로 550만 관객을 동원했다. 지난해에는 한지민, 박형식 주연의 단편 〈두 개의 빛: 릴루미노〉로 가슴 따뜻한 사랑이야기를 그려냈다. 현재 차기작을 준비 중이며 2013년부터 제천국제음악영화제 집행위원장을 맡고 있다.

FOLLOWING 5 SPOTS
WITH JIN-HO

산과 강을 누비며

허진호 감독이 추천한 장소는 그가 지난 6년간 제천국제음악영화제를 만들며 알게 된 곳이다. 영화제의 주요 장소인 의림지와 청풍랜드, 차분하게 보이차를 마실 수 있는 한국차문화박물관, 정갈한 한정식 코스가 나오는 대추나무집 등이 있다. 그가 추천하는 음악과 풍경이 따르는 길을 함께 걸어보자.

01 의림지 — 아주 옛날부터 자리를 지켜온 역사 깊은 저수지다. 평상시에는 휴식 공간으로 쓰이지만 영화제가 열리면 상영관이나 공연장으로 변신한다.

02 한국차문화박물관 — 폐교를 개조해서 만든 차 박물관. 초록빛 운동장을 바라보며 보이차를 마시는 여유를 즐길 수 있다.

03 대추나무집 — 소고기 로스, 국물 요리, 약초 위주의 밑반찬이 한 상 가득 나오는 한정식집이다. 부모님을 모시고 가기에 딱 좋은 곳.

04 청풍랜드 — 청풍호의 빼어난 경관과 함께 번지점프를 즐길 수 있는 곳. 영화제 개막식이 끝난 후에는 다양한 뮤지션의 공연 소리로 가득 찬다.

05 능강계곡 — 울창한 나무들 사이로 얼음장 같은 물이 속 시원하게 쏟아지는 계곡. 물놀이 후 먹는 백숙은 잊을 수 없는 맛이다.

충주

TRAVEL

LOCAL **CURATOR**
작가 기낙경

산마을로 떠난 낯선 모험

충주를 처음 찾은 건 친구와 떠난 짧은 여행에서였다. 지나가는 도시로 잠깐 들렀을 뿐인데 어느새 내게 또렷한 풍경이 되었다. 그때 충주의 가로수는 온통 사과나무뿐이었다. 채 익지 않은 어린 사과가 가지에 주렁주렁 매달려 있었다. 한여름의 눈부신 태양 덕분이었을까? 반지르르한 녹빛 사과와 지천으로 영근 열매가 처음 찾은 낯선 도시를 풍요의 마을로 기억하게 했다. "하늘은 날더러 구름이 되라 하고 / 땅은 날더러 바람이 되라 하네"로 시작하는 어느 시구를 떠올리니 남한강의 활기찬 물살이 눈앞에 펼쳐지는 것도 같았다.

태어난 고향도 아니고, 내내 발 딛던 생활지도 아닌 충주는 내게 무연고의 생경한 도시였다. 더구나 시내에서도 한참 떨어진 외진 동네, 월악산의 그늘 밑으로 숨어버린 공이동이라는 산마을이라니. 공이동에서 나고 자란 신랑이 없었더라면 시골에서의 결혼 생활은 감히 상상도 못 했을 것이다. 시간은 이렇듯 돌개바람을 일으켜 사람의 자리를 옮겨버린다. 생은 한 번쯤 낯선 모험을 시작한다.

01 폐교에서 열린 결혼식

공이분교

ADD 충북 충주시 살미면 공이송정2길 19
/ 공이분교는 현재 공사 중이다. 어떤 공간이 탄생할지는 모르겠지만 부디
학교의 따뜻하고 다정한 분위기를 잃지 않기를 바라본다

이방인은 이정표를 보고 움직인다. 공이동에 처음 들른다면 삼거리 초입의 도로 표지판과 입석에 새겨 넣은 '공이리'라는 세 글자를 마주하게 될 것이다. 하지만 마을은 이 정표를 보고도 한참은 더 들어가야 한다. 암소가 옮겨다 놓았다고 하는 암수바위를 지나고, 염원을 품고 찾아온 외지인들이 "비나이다"를 되뇌는 성황당도 지난다. 늦은 밤 노루나 새끼 멧돼지가 종종 출몰하는 일을 제외하면 언제나 조용한 길이다. 봄이면 산벚나무의 서툰 빛깔을 구경하기 좋고, 복숭아밭에서 끼쳐오는 꽃향기를 맡을 수 있다. 여름이면 산속을 놀이터 삼아 노래하는 꾀꼬리가 반겨주고, 가을엔 붉디붉은 단풍색으로 눈동자가 짙게 물들 것이다.

월악산 기도 도량이나 민박집 이정표가 하나둘씩 보이면 본격적으로 마을이 시작된다. 길게 이어진 개울을 품은 마을은 여느 시골 풍경과 다르지 않다. 마을의 끝 집이 곧 막다른 길인 고요한 동네. 사과와 복숭아 등 과수 농가가 많다는 게 특징이다.

잘 닦인 마을길을 슬슬 올라가다 보면 언젠가 아이들의 왁자지껄한 소리가 가득 찼을 작은 폐교가 보인다. 1946년 개량식 서당으로 시작했다가 1999년에 폐교한 공이분교다. 3년 전, 나는 그 아담한 학교에서 결혼했다. 시계풀과 민들레가 융단처럼 깔려 있고, 듬직한 느티나무가 서 있는 운동장에서 결혼식을 올렸다. 학교에서 배출한 638명의 졸업생 중 하나인 까까머리 남자애를 신랑으로 맞이한 덕분에 경운기를 타고 입장했다. 느티나무의 작은 이파리가 앞산에 인사하던 5월 5일, 아름다운 공이동의 풍경을 마주하고 두 번째 인생을 맞이하는 순간이었다.

02　　　　　　　　　　　　　　　　　브로콜리 농부의 아침 일터

월악선착장

OPEN 09:00-18:00
ADD 충북 충주시 살미면 월악로 1243　**TEL** 043 851 5482

선착장은 배를 타는 곳이자 여행자가 들르는 휴게소다. 하지만 인근 마을의 브로콜리 농부였던 우리에게 월악선착장은 농산물을 서울로 보내는 집하장 같은 곳이었다. 남편과 나는 이른 아침부터 밭에서 따온 브로콜리 송이를 상자에 넣어 트럭에 싣고 두근거리는 마음으로 선착장에 갔다. 처음엔 나만이 남편 곁을 지켰지만 나중엔 아장거리는 아이도 함께 선착장의 호수 바람을 쐬게 되었다. "염동수(남편) 24박스, 기낙경 11박스요!" 켜켜이 트럭을 채운 채소 상자에 직접 키운 브로콜리도 보태던 기쁨을 어떻게 설명할 수 있을까? 충주시에서 출발한 트럭이 우리의 브로콜리를 싣고 서울로 향할 땐 말로 표현 못 할 묘한 기분이 들었다. 우리는 종종 수고로운 노동에 대한 보상을 받듯 휴게소 슈퍼에 들러 아이스크림을 사 먹었다. 밭에 모종을 심거나 브로콜리 곁순을 따는 일꾼이 있을 땐 함께 선착장 식당에 들러 점심을 해결했다. 믹스 커피 한 잔 들고 나오는 길엔 꼭 전망대에 들러 충주호를 바라보았다. 가뭄이 오면 어김없이 강어귀가 드러났고 비가 내릴 땐 물빛이 더 진하게 찰랑거렸다. 아침볕처럼 싱그러운 한때, 이제는 모두 그리운 풍경이 되었다.

03 백짬뽕과 찹쌀탕수육의 맛

상촌식당

OPEN 11:30~14:30 / 월요일 휴무
ADD 충북 충주시 수안보면 충산신촌길 99 **TEL** 043 848 3492

남편과 데이트하던 시절에 가장 먼저 찾은 맛집이 상촌식당이다.(나중에 안 일이지만 남편의 맛집 목록엔 충주 시내의 찻집 하나와 이곳이 전부였다고.) 남편이 자랑하듯 주문한 메뉴는 백짬뽕과 찹쌀탕수육. 신선한 채소와 탱글탱글한 홍합이 뽀얀 육수와 함께 어우러져 시원하면서도 담백했다. 접시 위로 탑을 이룰 정도로 수북이 담겨 나온 탕수육 역시 새하얀 튀김옷과 고기의 조화가 일품이었다. 식당은 남편의 작은형, 그러니까 나에겐 작은 아주버님의 친구와 그녀의 오빠가 같이 운영하는 곳이다. 작은 농가에서 대를 이어 운영하고 있는 이 식당은 식재료가 바닥을 드러낼쯤인 오후 두세 시경엔 문을 닫는다. 제법 유명세를 탄 이후론 주말에 한 시간 이상 기다리기도 한다. 공이리 사람들에게 상촌식당은 외식이 당기는 날 찾아가는 단골 음식점이었다. 시골을 찾은 친구들과 거한 밤을 보낼 땐 약속이라도 한 듯 상촌식당에서 속을 푼 뒤 헤어졌다. 사람들이 많아 기다리면 좀 어떠랴. 식당 앞 느티나무 아래 마련된 평상 위에 앉아 볕도 좀 쬐고 슬슬 저수지가 있는 마을 위쪽까지 산책을 다녀와도 좋다. 이 모든 게 시골 마을 한가운데 자리 잡은 작은 식당의 매력이다.

TRAVEL STORY | 충주 기낙정

04

소소하고 완벽한 결혼기념일

램프의 향기

OPEN 10:00~22:00 / 월요일 휴무
ADD 충북 충주시 수안보면 미륵송계로 494 **TEL** 043 847 1775

도시 여자가 하루아침에 농부의 아내가 되었다. 나름 커피콩을 갈아 커피도 내리고 직접 딴 오디를 우유에 담뿍 넣어 마시는 여유도 누리지만 가끔은 심심했다. 하루이틀도 아니고 1년 동안 시골집에 붙박여 있자니, 카페도 그립고 남이 해준 음식도 그리웠다. "내일 능금이 데리고 카페 가자!" 만삭의 내가 말했다. 능금이는 뱃속의 아기를 부르던 태명이고, 내일은 결혼한 지 꼭 1년 되는 날이었다. 말하자면 좀이 쑤셔 집에 못 있겠으니 결혼 1주년에는 여느 도시 여자처럼 카페 의자에 좀 앉아 있겠다는 의미였다. 그렇게 찾은 곳이 램프의 향기라는 카페. 수안보로 향하는 산길에 자리한 곳이었다.

공이리에서 3년을 보낸 사람으로서 말하자면, 사실 이 길은 굉장한 드라이브 코스다. 왼쪽엔 월악산의 기암괴석이 있고, 오른쪽엔 송계계곡의 푸른 물길이 이어진다. 고즈넉함, 여유로움, 적당한 바람, 깨끗한 공기까지 모든 면에서 완벽하다. 길을 지나는 것만으로도 소란스러운 마음이 잔잔해진다고 할까.

램프의 향기엔 빈티지한 나무 의자와 캐비닛, 철제 램프 등 동화 속에 나올 법한 소품이 가득하다. 테라스 쪽으로 나가면 산등성이가 시원하게 뻗어 있다. 당시 밭에서 일하던 남편을 데리고 나온 나는 오미자 주스와 맛있기로 소문난 클럽샌드위치를 시켰다. 형편이 넉넉하지 못해 둘이 나누어 먹어야 했지만 테라스에 앉아 5월의 신록을 바라보고 있자니 특별한 경험처럼 느껴졌다. 소소한 일탈 속에 시골 생활의 단맛이 숨겨진 결혼기념일이었다.

SPRING FESTIVAL

봄의 축제

계절을 기억하는 방법은 많다. 가장 아름다운 시기를 기다렸다가 축제를 즐기는 것도 그중 하나다. 4월의 충주는 벚나무의 향연으로 분홍 꽃잎이 쉬지 않고 허공에 넘실댄다. 스노볼 한가운데 있는 듯한 기분을 느끼고 싶다면 아래의 정보를 꼼꼼히 살펴보시길!

충주호 벚꽃축제

충주호는 충주댐을 만들면서 생긴 인공 호수다. 충주와 제천, 단양까지 걸쳐 있는 덕에 지역에 따라 충주호, 청풍호 등으로 나눠 부르는데, 수많은 지류로 갈라져서 호수라기보다 큰 강에 가깝다. 4월의 충주호 주변은 어딜 가나 벚나무로 가득하지만, 벚꽃축제가 열리는 충주댐 인근은 사람의 손이 닿아 더 화려하게 조성된 편이다. 댐 인근의 벚꽃길은 축제 분위기를 즐기며 산책하기에도 좋고 하늘이 비친 잔잔한 수면을 그저 바라보기에도 좋다. 각종 공연과 플리마켓, 민속놀이 체험 등 가족 단위 상춘객들을 위한 프로그램이 많은데, 떠들썩한 분위기를 피해 조용히 봄놀이를 즐기고 싶다면 유람선을 타고 둘러보는 것도 방법이다.

WHERE 충주댐 물 문화관 광장 일대 / 충북 충주시 동량면 지등로 745
WHEN 4월 6일~8일   **TEL** 043 847 4001

수안보 온천제

수안보라는 이름은 어떤 이에겐 영화 〈와이키키 브라더스〉의 노쇠하고도 처량한 이미지를 연상시킬지 모른다. 그러나 온천마을 수안보의 명맥은 여전히 유효하다. 온천제의 목적은 온천수의 영원한 용출을 기원하는 것. 이를 위해 산신제도 올리고 지역의 토속 음식인 꿩산채비빔밥 시식회, 온천수로 송편 빚기 등 다채로운 행사를 진행한다. 눈에 띄는 것은 53℃ 온천수를 즐길 수 있는 족욕장. 총 길이 370m를 자랑한다. 수안보에선 4월의 벚꽃도 만날 수 있다. 마을을 감싸며 흐르는 문천변 주변엔 때마침 벚나무가 꽃망울을 틔운다. 따뜻한 온천수에 발을 담그고 하늘을 올려다보면 봄이 지천이다.

WHERE 수안보 물탕공원 / 충북 충주시 수안보면 온천리 227
WHEN 4월 13일~15일 **TEL** 043 845 4100

작가 기낙경

추계예대 문예창작과 졸업 후 8년간 패션지 기자로 일했다. 남들보다 한 달을 앞서 산다는 기분으로 매달 촬영을 하고 원고를 썼으나 뼛속까지 '프라다를 입는 악마'는 되지 못했다. 대신 시골로 쏘다니는 일, 단골집에서 맥주 마시는 일을 편애하며 살다가 첫 책《서른, 우리가 앉았던 의자들》을 펴냈다. 서른넷, 작전(?)대로 농부를 만나는 데 성공, 충주 산촌으로 귀농해 결혼 생활을 시작했다. 폐교에서 경운기를 타고 입장한 결혼식은 언론을 통해 화제가 되기도 했다. 시골에서 꼬박 3년을 살았고, 지금은 아이 한 명이 있다. 다시 서울로 돌아온 뒤로는 여러 매체에 글을 쓰고 있다. 가끔 시골도 도시도 아닌 '어딘가의 집'에 대해 골몰하며 쓸쓸해하곤 한다.

FOLLOWING 4 SPOTS
WITH NAKGYEONG

일상 속 사랑의 기억들과 함께

작가 기낙경이 추천하는 장소는 남편과의 따뜻한 추억이 묻어 있다. 특별한 결혼식을 한 공이분교와 브로콜리 농사를 지은 공이리, 수확한 브로콜리를 받아갈 트럭이 기다리던 월악선착장, 남편과 줄곧 찾아간 카페 램프의 향기와 상촌식당이 그것이다. 3년간 귀촌 생활을 한 서울 아낙네의 시선이 궁금하다면 그녀의 코스를 따라가보자.

01 월악선착장   그녀가 간식거리를 사기 위해 자주 들렀던 곳이다. 작고 아담한 유람선이 선착장에 정박해 있다.

02 상촌식당   오래된 대문에서부터 맛집 향기가 풀풀 풍기는 곳. 하얀 국물의 소마면은 이 집의 별미다.

03 공이분교   '공이리'라 쓰인 마을의 이정표를 한참 지나 올라가면 보이는 폐교. 지금은 누군가의 새로운 공간으로 재탄생 중이다.

04 램프의 향기   마치 오래된 동화 속에 들어와 있는 듯한 카페. 손때 묻은 빈티지 소품에 둘러싸여 있으면 시간이야 어찌 되든 상관없게 된다.

충
주

TRAVEL

LOCAL **CURATOR**
온다책방 대표 서혜진

작은 책방일수록 주인의 진가가 드러난다. 한정된 서가에 그만의 안목으로 고른 책을 알뜰하게 추려 넣어야 하기 때문이다. 온다책방의 서가는 어땠냐 하면, 글쎄 아무것도 모르겠다. 좋고, 나쁨이 아니라 아는 책이 하나도 없었다. 나는 언젠가부터 독립출판물이 영 어색했다. 독립 서점을 포함한 크고 작은 서점들이 길을 잃었다고 생각했다. 비슷한 타이틀로 묶인 책들은 거기에도 있고 여기에도 있었다. 대형 서점은 일본의 츠타야 서점을 표방하듯 책 이외의 유흥거리에 집중했고, 작은 서점들은 동네라는 아늑한 단어를 함부로 사용하며 비슷비슷한 분위기를 흉내 냈다. 온다책방을 다녀오고 나서도 편견이 깨진 건 아니었다. 하지만 서점의 역할에 대해 다시 한번 생각하게 됐다. 우연한 책을 만나게 해주는 것. 본디 서점의 역할이란 그런 게 아니었을까. 정말 오랜만에 낯선 서가에서 방황하고 싶다는 생각을 했다.

INTERVIEW

안녕하세요, 간단한 자기소개 부탁해요.
저는 충주 온다책방의 책방지기 서혜진입니다. 책방을 연 지 2년 반 정도 됐어요.

충주에서 나고 자란 건가요?
아니요, 원래 서울에서 태어났어요. 집안 사정으로 충주에서 초·중·고를 나오고 스무 살 때 다시 서울로 돌아가 15년 정도 지냈어요. 지방의 심심함이나 따분함이 싫어 떠났는데 막상 서울에 가보니 도시와 맞지 않는다는 걸 알게 됐죠. 정신적으로도 힘들고 몸도 안 좋아서 돌아왔어요. 서울에서 15년, 충주에서 15년 산 셈이네요.

하필 이곳 교현동에 자리 잡은 까닭이 궁금해요.
임대료가 좀 저렴하기도 했고요.(웃음) 책방 바로 옆에 도서관이 있는 것도 마음에 들었어요. 여기가 충주 시내와 새롭게 생기는 연수동 시내의 중간 지점이거든요. 지리적으로 괜찮겠다 싶었어요.

처음 문을 열었을 때 동네 사람들 반응이 어땠어요?
연세가 많으신 분들은 여기가 뭐 하는 덴가 싶어 많이 힐끗거리셨죠. 카페냐고 묻는 분도 계셨고 책방이라고 말씀드려도 믿지 않으신 분도 계셨어요. 그런데 사실 책방보다는 저에 관해서 관심이 더 많더라고요.(웃음) 젊은 분들은 아무래도 이런 장소가 익숙하다 보니까 '충주에 드디어 이런 곳이 생겼구나!' 하는 반응이에요.

책방 이름의 뜻도 궁금했어요. 무엇이 온다는 거죠? 손님?(웃음)
이곳에 왔을 때 따뜻함을 많이 느꼈으면 좋겠다는 뜻에서 따뜻할 '온' 많을 '다'를 썼어요. 또 말씀하신 것처럼 손님이 많이 왔으면 좋겠다는 뜻도 담겨 있고요. 그리고 제가 일본 작가 '온다 리쿠'를 좋아하거든요. 여러 의미가 겹친다고 볼 수 있어요.

PLACE 온다책방　**OPEN** 13:00 ~ 20:00　**ADD** 충북 충주시 예성로 228
MAIL onda_books@naver.com

《아는여행》의 큰 틀은 지역 소개예요. 살아보니 충주는 어떤 곳 같나요?

되게 조용하고 차분한 곳이에요. 그리고 어떻게 설명해야 할지 모르겠지만 진지한 분위기도 있는 것 같아요. 서울에 있다가 여기 오면 힐링 받는 느낌이에요.

서점 대표님의 일과가 궁금해요. 일단 제 머릿속의 대표님은 여유롭게 책을 읽고 있어요.(웃음)

마냥 한가하지만은 않아요. 서점은 1시부터 8시까지 운영하고 있어요. 출근하면 우선 음악을 틀어놓고 청소를 시작하고, 그다음에 메일 확인을 해요. 주로 작가분들이랑 일대일로 거래하고 있기 때문에 메일을 주고받는 일이 많거든요. 그리고 지금처럼 인터뷰 요청이 오기도 하고요. 끼니때가 되면 주변 식당에서 밥을 먹어요. 책방 가까이에 소원이네 밥상이라는 식당이 있는데 음식이 깔끔하게 나와서 자주 가는 편이에요. 가끔 커피도 한 잔 사서 돌아와 일을 시작하죠. 새 책이 들어올 때면 어디에 진열할지 고민하고 소개 글을 써요. 또 오래 책을 보는 손님이 있으면 커피나 차를 내어드리기도 해요. 택배 보낼 일이 있으면 우체국에 들러야 하고요.

PLACE 소원이네 밥상 **OPEN** 11:00 - **BREAK TIME** 15:00~17:00 / 일요일 휴무
ADD 충북 충주시 교동14길 7

이 일을 시작하고 좋은 점은 뭐예요?

처음에는 매출이 좋지 않아서 되게 힘들었는데 생각해보니까 제가 이 일을 하지 않았으면 얻지 못할 것이 참 많더라고요. 이렇게 인터뷰를 통해서 제 얘기를 할 수도 없었을 테고 또 온다책방의 단골손님들도 만나지 못했을 거잖아요. 제가 하소연을 많이 하거든요.(웃음) 이 일을 통해 새롭게 얻는 기회들이 좋은 것 같아요.

제가 고등학생일 때, 서점에서 아르바이트를 하고 싶어서 공고를 찾아봤더니 책에 대한 애정보다 힘이 세야 한다고 쓰여 있더라고요. 다행히 독립 출판물은 가벼운 편이라서 육체적으로 그리 힘들 것 같진 않지만, 대표님만의 고충이 있을 것 같은데, 어떤가요?

서울에 있을 때 사람 상대하는 일이 힘들어서 책방을 시작한 건데 서비스직은 어쩔 수 없나 봐요. 책방도 결국엔 사람을 상대하는 곳이더라고요. 가끔 곤란하신 분들이 올 때

TRAVEL INTERVIEW

면 속으로 삭이고 있어요.(웃음) 저의 목표는 하고 싶은 일을 스트레스 받지 않고 하는 것입니다.

책은 읽힐 때 빛이 난다고 생각하거든요. 아무리 잘 쓴 글이라도 아무도 읽지 않는다면 책의 역할이 부족하다고 생각해요. 이곳에도 펼쳐지지 않은 책이 있을 텐데, 그것들을 보면 어떤 마음이 드나요?
마음이 안 좋죠. 그럴 땐 고민을 많이 하는데, 한 번씩 진열을 바꿔본다거나 따로 추천 리스트를 만들어서 이 책의 매력을 다시 알리는 노력을 해요.

책을 소개하는 대표님만의 방식이 있는지요?
처음에는 "제가 이거 읽어봤는데 되게 좋아요" 정도의 소극적인 소개를 했어요. 그런데 그렇게 하다 보니 소개받는 입장에서는 공감하기 어려울 것 같아서 온다책방의 단골손님께 부탁을 드렸어요. 꾸준히 책방을 방문해주시고 책을 많이 읽으시는 분들인데, 순위 상관없이 좋았던 책들을 뽑아달라고 했어요. 벽면에 붙인 게 그 소개 글이에요.

책을 선정하는 기준도 있을 것 같아요. 어떤 독립 서점 대표님은 그 기준이 명확하지 않다고 했어요. 가능한 한 많은 사람한테 기회를 주고 싶다고요.
저도 일단 독립 출판물은 무조건 많이 들어오는 게 좋아요. 하지만 그중에서도 선별하긴 하죠. 작가가 개인적으로 온라인을 통해 책을 팔기도 하거든요. 아무래도 거기선 할인을 하고 책방에서는 정가로 판매할 수밖에 없으니 고민하게 돼요. 책이 좋다면 저는 데려오는 편인데 이익을 아예 배제할 순 없죠.

그럼 여태까지 본 독립 출판물 중 가장 마음에 들었던 건 뭐예요?
장난 님의 《기록벽》요. 몇 년 동안 집착하듯 메모한 것을 모아놓은 에세이 형식의 책인데, 내용이 좋더라고요. 개인적 취향이지만 누군가 추천해달라고 하면 그 책을 가장 먼저 떠올리곤 해요.

독립 출판물이 늘어나면서 문학이나 예술의 문턱이 조금 낮아졌다고 생각해요. 수준이 낮다는 말은 아니고요, 일반적인 잣대가 통하지 않게 됐다는 거죠. 개개인의 개성을 증명하고 인정받을 수 있는 판이 짜인 거잖아요. 대표님이 생각하는 독립 서점의 장단점은 무엇인가요?

제가 이 질문을 받고 장단점에 대해 고민을 많이 했어요. 머리가 아플 정도로 답을 내리기가 힘들더라고요. 그래서 우선 장점이 무슨 뜻인지 검색해봤어요. 좋은 점이나 잘하거나 긍정적인 부분이라는 뜻이더라고요. 저는 '긍정적이다'라는 말로 얘기를 드리고 싶은데, 아무래도 독립 서점은 특별한 책이 모여 있는 게 가장 큰 특징이 아닐까 해요. 단점이라고 하면 '희소성'이라고 생각하는데, 일반 서적은 보통 1,000부 단위로 발행하지만 독립 출판물은 소량일 땐 20부, 30부도 발행하니까 아무래도 만나기 좀 어려운 것 같아요. 금방 소진되니까.

그래서인지 여전히 소수의 취향처럼 느껴지기도 해요.

일반 서적에 비해 개인적인 이야기가 과감하게 드러나서 더 그런 것 같아요. 그런데 오히려 그게 매력이 아닌가 싶어요. 김봉철 씨가 쓴 《30대 백수 쓰레기의 일기》라는 책도 일반 서적에서 절대 나올 수 없는 얘기거든요.

요즘은 서점에서 단순히 책만 팔진 않잖아요. 작가와 협업해서 특별한 자리를 만들고 제품을 제작하기도 하는데, 대표님은 기획해보고 싶은 일이 없나요?

지금까지 딱 한 분한테만 말씀드렸는데, 충주에도 나름 책을 내신 분이 많거든요. 그분들과 함께 저희 책방에서 책을 팔고 독자를 만나볼 수 있는 자리를 마련하면 좋지 않을까 생각해요. 서울에는 그런 자리가 참 많잖아요.

그럼 다시 충주 얘기를 해볼까요? 저희에게 대표님이 자주 가는 장소를 소개해줬잖아요. 그중에 카페가 참 많았어요.

일하다 보면 갑갑하고 스트레스 받을 때가 있어서 '에라, 모르겠다!' 하고 가게 문을 잠그고 카페에 가요. 커피상점 교동은 여기서 조금 걷다 보면 나와요. 카페 사장님이 굉장히 쾌활하시고 같은 서비스 업종이어서 그런지 얘기가 잘 통해요. 카페 나름은 생긴 지 얼마 안 됐지만 제가 무척 좋아하는 곳이에요. 식물이 많은 곳을 좋아하거든요. 그리고 책방에서 카페까지 걷는 길이 되게 예뻐요. 저는 여름에 갔었는데 나무가 막 우거

TRAVEL 충주
INTERVIEW 서혜진

져 있고 매미 소리랑 시냇물 소리가 들리고…. 산책한 뒤에 커피를 마시니 더 맛있더라고요.

―――― **PLACE 커피상점 교동**　　**OPEN** 12:00~22:00 / 월요일 휴무　**ADD** 충북 충주시 교동3길 9-2
　　　　　　　　　　　　　　　　　　　　　　　　　　　　　　　　　　　TEL 043 843 0754

―――― **PLACE 카페 나름**　　**OPEN** 월~목 12:00~21:00 / 토 13:00~22:00 / 일 13:00~21:00
　　　　　　　　　　　　　　/ 금요일 휴무　**ADD** 충북 충주시 봉방6길 18　**TEL** 043 852 0629

공수표는요? 공방, 서점, 카페가 혼합된 곳이던데요.

사실 공수표는 가본 적이 없어요.(웃음) 일전에 소개해달라고 하셔서 가보고 싶은 곳을 슬쩍 넣어봤어요. 충주에는 워낙 그런 문화 공간이 많이 없으니까요. 비슷한 업종이긴 하지만 소개되면 더 좋을 거라 생각했어요.

―――― **PLACE 공수표**　　**OPEN** 14:00~23:00 / 월요일 휴무　**ADD** 충북 충주시 연원11길 9
　　　　　　　　　　　　　　　　　　　　　　　　　　　　　　　　　　　TEL 0507 1411 9116

지금 날씨에 걷기 좋은 곳이 있을까요?

충주가 지형적으로 바다와 가깝진 않잖아요. 다른 지역은 버스나 전철을 타고 가면 바로 바다인데…. 하지만 충주엔 호수가 많아요. 가깝게는 호암지가 있고, 버스를 타고 가면 충주호가 있어요. 특히 호암지는 산책로가 잘 조성되어 자주 가는 곳이에요. 저 혼자 '언어의 정원'이라는 이름을 지어줬죠. 햇빛이 비칠 때도 예쁘지만 비 올 때가 정말 예뻐요. 조용하고 평화로운 곳이에요. 꼭 가보세요.

―――― **PLACE 호암지**　**OPEN** 연중무휴　**ADD** 충북 충주시 호암동　**TEL** 충주시청 관광과 043 850 6723

TRAVEL 충주
INTERVIEW 서혜린

01 여름의 끝 사물들

02 청춘음울

RECOMMEND 단골손님이 추천하는 책 두 권

온다책방에 자주 드나드는 손님이 있다. 혹여나 장사가 안 되어 문을 닫을까 하는 조바심에 찾아오는 것도 같지만 나름 진지하게 책을 살피고 간다. 그들이 온다책방에서 재밌게 본 책은 무엇이었을까.

01 한행복 님

지난 2년 동안 꾸준히 책방을 방문해주신 손님입니다. 처음 왔을 땐 고등학생이었는데 어느새 대학생이 되었어요. 언젠가 사진집을 내고 싶다는 꿈을 갖고 있습니다.

———

RECOMMEND BOOK 《여름의 끝 사물들》 신승엽 · 신유진
신승엽 사진가의 사진과 신유진 작가의 소설이 반반 나뉘어 실려 있는 독특한 책.
추천 이유 / 분명 여름에 일어난 일인데 자꾸만 내 겨울 같다.

02 미정이 님

제 기억으로는 저의 첫 소설집이 나왔을 때부터 방문해주신 분이에요. 책방이 망해서 없어지지 않길 바라는 마음으로 꾸준히 책을 사주시며, 가끔 왕만두를 나눠주고 가십니다. 지난 크리스마스이브에는 직접 만든 솔방울 리스를 선물해주셨어요.

———

RECOMMEND BOOK 《청춘음울》 진해서 / 단편소설집
추천 이유 / 온다책방에서 처음 구매한 책이어서 더욱 소중한! 짧은 소설의 뒷이야기가 더 궁금한 책이었다. "선행의 기억은 가물가물한데 악행에 대한 기억은 지워지지 않는 유성펜처럼 오래간다"라는 문장이 오래 기억에 남는다.

온다책방 대표 서혜진

책방을 운영한다고 하면 흔히 출판계에서 일했을 거라는 선입견이 있지만 과거의 나는 어디에서나 볼 수 있는 일개미이자 감정노동자였다. 다만 그건 어디까지나 생계를 위한 수단이었고 진정한 꿈은 소설을 쓰는 작가이자 번역가였다. 현재는 우연히 책방을 운영하게 되면서 소원하던 글을 써 책을 펴내게 됐다. 일이 고되기는 하지만 헤밍웨이가 그랬던 것처럼 산책을 하거나 여행을 하면서 글감을 얻어 꾸준히 쓸 예정이다.

FOLLOWING 6 SPOTS
WITH HYEGIN

산책을 좋아하는 사람들에게

작은 책방에 꾹꾹 눌러 담은 안목을 증명하듯, 온다책방 서혜진 대표가 추천하는 장소는 하나같이 알짜배기인 곳이다. 서로 거리가 가깝기 때문에 차로 움직이는 것보다는 산책을 겸하여 걷기를 권한다. 책방에서 시작해 호암지까지, 충주의 봄 거리를 거닐어보자.

---

01 공수표 서점, 공방, 카페를 겸하는 복합문화공간. 책을 사면 공수표에 도장을 찍어준다. 그리고 운이 좋으면 고양이와 강아지가 곁에 와준다.

---

02 온다책방 직접 고른 독립 서적과 작고 귀여운 소품을 만나볼 수 있는 곳. 주인장의 작은 세계에 발을 디디는 기분이다.

---

03 소원이네 밥상 깔끔한 김치찌개를 먹고 싶다면 이곳으로 가자. 산책을 시작하기 전 배를 든든하게 채워줄 곳이다.

---

04 카페 나름 식물에 둘러싸여 힐링할 수 있는 카페. 계산대 옆 문으로 들어가면 숨겨진 공간이 나온다.

---

05 커피상점 교동 쾌활한 성격의 사장님이 맞이하는 한옥 카페. 분위기도 좋지만 메뉴 하나하나에서 정성이 느껴진다.

---

06 호암지 서혜진 대표가 '언어의 정원'이라 이름 붙인 곳. 그녀의 말대로 비 오는 날의 호암지도 운치 있을 듯하다.

MARKET

시장에 가면

1에다 1을 더한 값이 2가 아니라 3 혹은 그 이상이 될 때가 있다. 서로 다른 요소가 만나 상승 효과를 일으킨다는 의미다. 이는 평범한 동네 시장에도 적용되는 이야기다. 곳곳에 자리한 제천의 작은 시장들은 한적한 시내에 활기를 더하고, 네 시장이 인접한 충주의 장터는 지역의 다양한 풍경을 한 번에 만끽하기에 좋다. 지역의 문화가 스며든 음식과 걷기에 좋은 길이 모여 제천 시장과 충주 시장의 이야기는 더욱 풍성해진다.

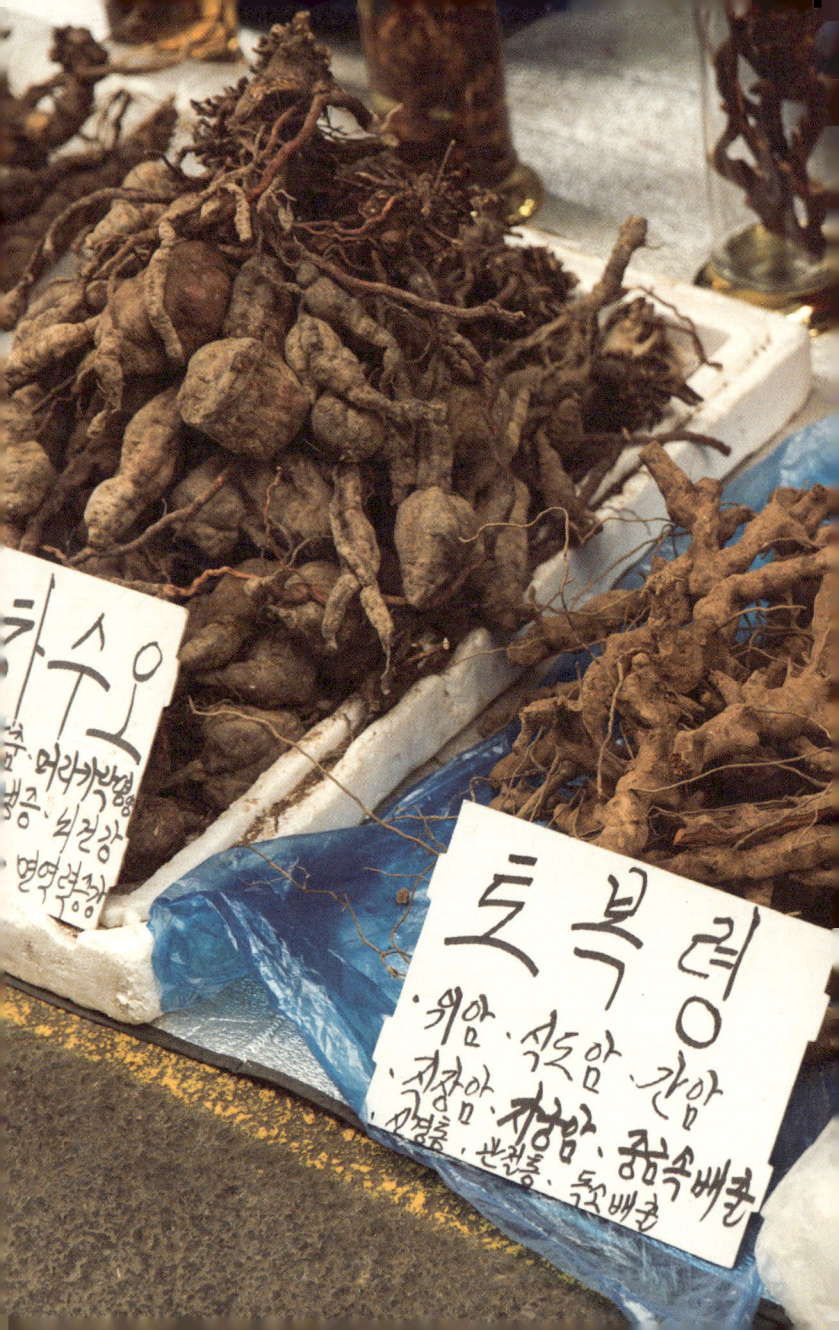

MARKET 01

제천 시장

―

은근한 향과 맛을 품다

시내에 들어서자 낮은 건물들이 가장 먼저 눈에 들어온다. 덕분에 더 높아 보이는 하늘이 걷는 데 재미를 더한다. 용두산에서 내려온 하천이 길을 따라 조용히 흐르고, 여기에 제천 특유의 한약 달이는 향까지 더해져 걷는 사람의 기분을 차분하게 한다. 맛있는 음식만 있다면 더할 나위 없겠다는 생각이 들 때쯤 마주친 시장에서 잠시 쉼표를 찍는다. 제천에선 소박한 시내와 작은 시장이 차곡차곡 겹쳐 하나의 여행이 된다.

MAP

01 제천역전한마음시장
ADD 충북 제천시 내토로 28길 3-1

02 보령식당
ADD 충북 제천시 의림대로 4

03 내토전통시장
ADD 충북 제천시 풍양로 17길 5

route 01 고추를 저장하는 창고를 지나는 길.
창고를 지나면 한적한 동네길이 펼쳐진다.

route 02 도장집, 한약방, 이발소 등 노포가 늘어선 큰 길.
뒷길로 넘어가면 마찬가지로 한적한 동네길이
펼쳐진다.

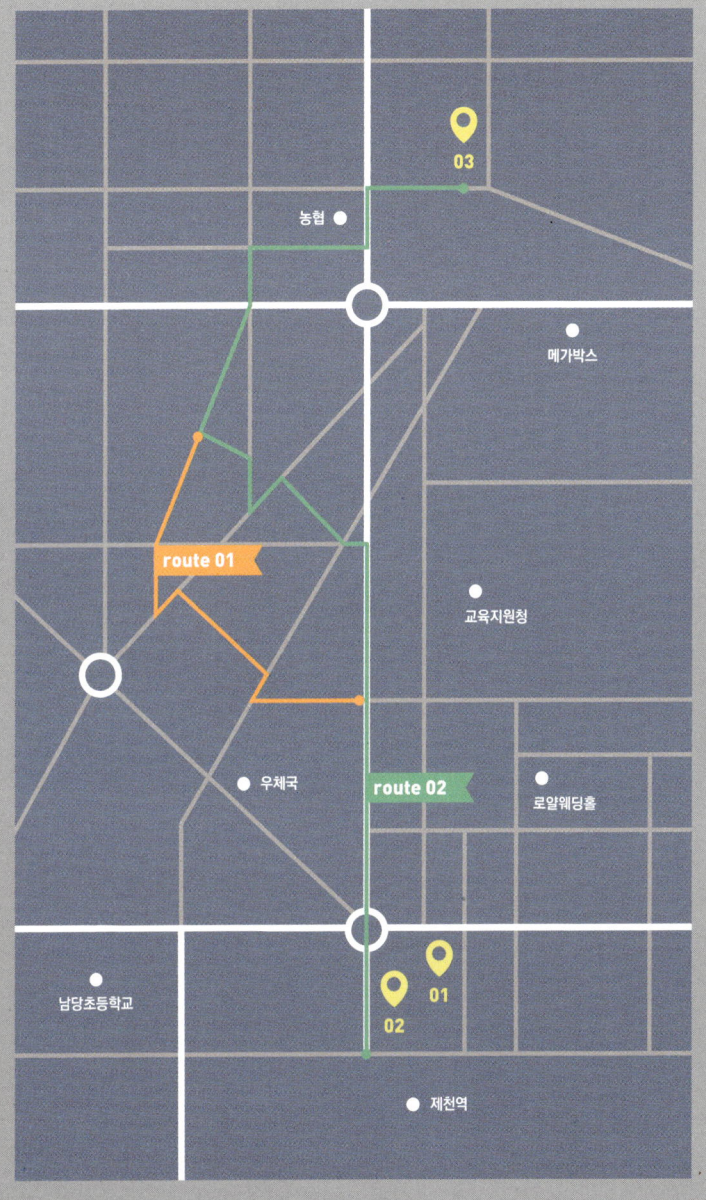

01 시내에 흐르는 제천의 향

제천역전한마음시장   **ADD** 충북 제천시 내토로 28길 3-1

제천역전한마음시장에서는 제천의 향을 맡을 수 있다. 가게마다 특산물인 약초가 볏짚처럼 늘어섰고, 약재상은 온 신경을 집중해서 약재를 달이고 있다. 상점 밖에 앉아 있는 상인이 드문 대신에 그윽한 한약 냄새가 시장을 가득 메운다. 약재가 쌓인 매대 사이를 걷다 보면 약초의 이름과 효능이 궁금해진다. 그럴 때면 주저하지 말고 약재상에게 물어보자. 속담 '약방에 감초'가 유래한 제천인 만큼 다들 약초의 효능을 꿰고 있을 뿐만 아니라 두꺼비와 황소개구리도 한약재로 쓴다는 등의 시시콜콜한 이야기도 들려준다.

02 상인이 하루를 맺는 곳

보령식당   **ADD** 충북 제천시 의림대로 4

이곳 상인들은 일과를 마친 뒤 보령식당을 주로 찾는다. 관광지 식당 특유의 깔끔함은 없지만, 맛에 대한 상인들의 믿음이 두터운 곳이다. '장칼국수, 만둣국, 육개장'이 쓰인 낡은 메뉴판에선 같은 음식만 50년 동안 만든 장인 특유의 고집이 엿보인다. 세 음식 중 무엇을 시키든 고된 하루를 보상할 만한 푸짐한 음식이 나온다. 김 가루와 깨를 양껏 뿌린 장칼국수는 일반 면보다 투명하고 얇은 면이 특징이다. 한 입 두 입 먹다 보면 어느새 그 맛에 빠져 숟가락으로 바닥까지 쓱쓱 긁고 있는 자신을 발견하게 될지도 모른다.

03 마을의 과거를 더듬는 방법

의병대로

ADD 충북 제천시 서부동-자작동

다소 돌아가더라도 제천 시내만의 분위기를 즐기고 싶다면 의병대로를 걸어보자. 역전 교차로를 지나면 의병대로가 쭉 뻗어 있고, 과거 상업지구 흔적을 보여주는 여관과 이발원, 다방, 도장집이 길을 따라 늘어섰다. 한때 북적였을 가게는 이제 세월을 품은 한적한 점포가 됐다. 번영을 뒤로하고 차분하게 가라앉은 길 위에 서면 덩달아 마음이 평온해진다. 낡은 가게가 보이지 않을 때까지 걷다가 샛길을 따라 뒤쪽으로 넘어가면 또 다른 풍경이 펼쳐진다.

이곳은 큰길과 달리, 2층짜리 일본식 목조 건물과 단층의 창고가 다채로운 높낮이의 풍경을 만든다. 빨간색 깃발이 펄럭이는 점집과 초록색 지붕이 빛바랜 문방구, 책 정리가 한창인 아담한 규모의 중고서점이 길가에 드문드문 보인다. 살짝 열린 가게 문틈에서 라디오 소리가 새어 나온다. 도장집의 문을 열고 들어서니 사장님이 낯선 손님에게 믹스 커피를 다정하게 내어준다.

04   음식이 주는 기분 좋은 들뜸

내토전통시장   **ADD** 충북 제천시 풍양로 17길 5

내토전통시장은 여행에 음식이 빠질 수 없다고 생각하는 사람을 위한 곳이다. 분위기부터 역전한마음시장과 사뭇 다르다. 상점 앞은 잠시 멈춰선 채 군것질하는 사람들로 부산하고, 거리는 장을 보러 온 사람들로 활기가 넘친다. 제천에서 유명한 빨간 어묵뿐만 아니라 갖가지 먹거리 앞에서 다시 기분이 들썩이기 시작한다. 무얼 먹을지 둘러보다 노랗게 잘 튀겨진 인삼튀김에 눈이 간다. 특산물인 약초를 활용한, 이른바 건강한 분식이다. 바로 앞에 있는 한약방에서 떼온 2,000원짜리 인삼이 생각보다 실하고 싱싱하다. 튀기면 다 맛있다는 진리는 이곳에서도 어김없이 통한다.

MARKET   02

충주 시장

네 가지 매력을 한 번에 만나다

여행을 하면서 그 지역을 제대로 느끼고 싶다면 시장을 둘러보는 것만큼 좋은 것이 없다. 오랜 시간 주민들이 오가며 쌓아 올린 세월이 온전히 녹아 있기 때문이다. 충주 시장 역시 전통문화부터 다양한 음식, 현대의 모습 등을 한 번에 경험할 수 있는 문화 복합 시장이다. 서로 인접한 '자유', '무학', '공설', '풍물' 시장 네 곳을 아울러 충주 시장이라 부르는데, 그 크기가 웬만한 동네 규모에 달한다. 그렇다 보니 무작정 들어섰다간 길을 잃을 수도 있다. 여기 각기 다른 매력을 지닌 시장 네 곳과 그 다채로운 풍경을 감상하는 데 길잡이가 되어줄 장소들을 소개한다.

MAP

01 자유카페
ADD 충북 충주시 충인6길 16

02 순대 만두 골목
ADD 충북 충주시 공설시장길

03 삼화대장간
ADD 충북 충주시 충인1길 12

> **route** 북적이는 시장 길 옆으로 여유로운 동네 길이 나란히 있다.
> 시장 길엔 잡화점, 동네 길엔 음식점이 많다.

01   시장 한복판 동네 사랑방

자유카페   **ADD** 충북 충주시 충인6길 16

겉에서 보면 평범한 인테리어 때문에 스쳐 지나칠 법도 한 자유카페, 그 문을 열고 들어서면 맛있는 음료는 물론 이색적인 즐길 거리를 잔뜩 만날 수 있다. 이곳은 시장 활성화를 위해 자유시장 상인회에서 만든 카페다. 탁구대, DJ 부스, 찜질방 등 다양한 시설을 갖춘 데다 가격도 저렴해서 관광객들이 가볍게 즐기기에 제격이다. 또 시장에서 사라진 시설들이 한 공간에 생기면서 주민들도 즐겨 찾는 동네 사랑방이 된 덕에 충주의 터줏대감들에게서 시장에 관한 알찬 정보까지 얻을 수 있다. 충주 시장을 찾은 사람들이 자유카페부터 들르는 이유다. 신나게 탁구를 한 판 친 뒤 사우나로 땀을 빼고, DJ의 음악을 들으며 에이드로 목을 축이다 보면 이곳에 아주 오랫동안 머무르고 싶다는 생각이 절로 든다.

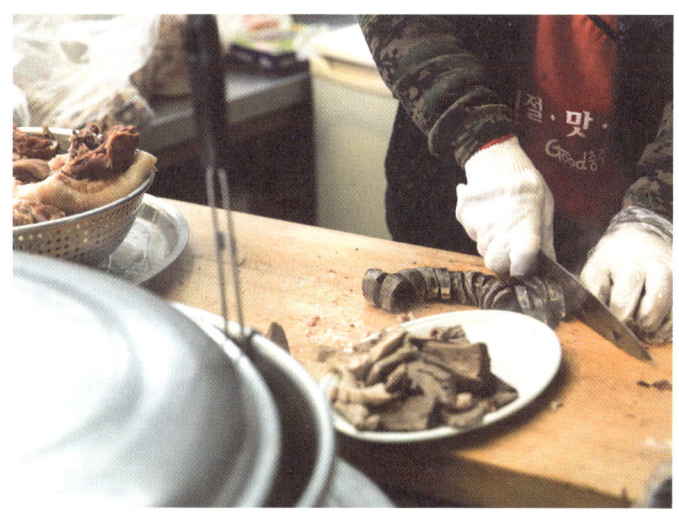

02　　　　　　　　　　구수함이 두 배가 되는 환상의 조합

시래기 순댓국　　　　　　　　　　　　　　　**ADD** 충북 충주시 공설시장길

자유시장과 무학시장을 가르는 하천을 향해 걷다 보면 순대 만두 골목이 나오는데 바로 이곳에 충주 시장 맛집이 밀집해 있다. 한 곳을 고르기 어려울 정도로 순댓국집이 많지만 모두 30년 넘게 자리를 지켜온 만큼 어느 곳에 들어가도 깊은 맛을 즐길 수 있다. 푸짐하게 담긴 순대도 맛있지만, 이곳의 대표 음식은 '시래기 순댓국'이다. 푹 끓인 시래기의 시원하면서도 구수한 맛이 돼지고기 특유의 비린내를 잡아줘 순댓국에 거부감이 있는 사람도 부담 없이 먹을 수 있다. 깊고 개운한 육수를 먼저 맛보고, 시래기를 순대에 감아 한입에 넣으면 이 낯선 만남이 조화를 이룬다는 사실에 감탄할 것이다.

03　　　　　　　　　　　　둘 다 맛있을 땐 같이 먹자

감자만두　　　　　　　　　　　　　　　　**ADD** 충북 충주시 공설시장길

골목 어귀에 순댓국과 나란히 자리한 '감자만두'도 시장에서 빼놓을 수 없는 음식이다. 감자떡도 맛있고 만두도 맛있어서 둘을 섞었다는 감자만두는 제주도까지 배송할 정도로 인기다. 아무것도 섞지 않은 흰색, 쑥을 섞은 녹색, 치자를 섞은 노란색, 비트를 섞은 자주색까지 색감이 다채로워 눈길을 먼저 사로잡는다. 반짝 윤이 흐르는 만두피가 예뻐 넋 놓고 구경하고 있으면 한두 개 건네주는 인심도 만두소만큼이나 넉넉하다.

04 시장길 끝에서 묵묵히 지킨 세월

삼화대장간

ADD 충북 충주시 충인1길 12

충주 시장 끝엔 대장간이 하나 있다. 주변에 모여 있던 대장간이 하나둘씩 사라지고 지금은 삼화대장간만이 60년째 제자리를 지키고 있다. 매일같이 화덕에 불을 지피는 대장장이는 아침저녁으로 부지런히 풀무질(쇠를 녹이기 위해 화덕에 뜨거운 공기를 불어넣음)을 한다. 수백 번의 망치질과 수십 번의 담금질 끝에 만들어진 낫은 여느 기성품과 비교할 수 없을 정도로 튼튼하고 날카롭다. 낫뿐만 아니라 호미와 도래, 부엌칼 등 장인의 손에서 탄생한 다양한 생활용품은 충주 시장에서만 만날 수 있는 색다른 기념품이다.

길이 끝난 곳에서 여행이 시작된다

/

시야를 가득 채우던 상인과 방문객의 모습이 차츰 뜸해진다. 시장을 빠져나와 한적해진 풍경을 바라보며 짧은 여행의 시간을 되돌아본다. 지도를 들고 시장을 다 누비고 나면 '종이 위 미처 표시되지 않은 곳에는 또 무엇이 있을까' 궁금해진다. 오는 길에 스쳐 지난 이름 모를 가게들은 어떤 이야기를 품고 있을지, 앞으로의 여정에는 무엇이 기다리고 있을지, 그런 기대감이 발걸음을 재촉한다. 지나온 길에서의 다음 한 발짝이 곧 새로운 길이다. 이 여행의 끝이 또 다른 시작이 되듯이.

BRAND

제천의 한방선식
충주의 사과

지역을 담아
제품을 만드는 사람들

BRAND　　　　　　　　01

LOCAL　　PLAY **KIT**
제천 / **청춘애한방**

뿌리로 돌아간 사람

한방의 나이를 바꾸는 일

한방 의료업계 분들이 보면 서운하겠지만 한방은 내게 최후의 수단이었다. 양약이 듣지 않을 때 한약을 먹었고, 물리치료를 해도 소용이 없을 때 그제야 한의원에서 침을 맞았다. 왜 그럴까 했더니 그동안 한방이라는 의술이 좀 낯설게 느껴진 탓이었다. 한의사는 의사보다 차라리 도사에 가까운, 그래, 말하자면 신비의 영역이었다. 그렇기에 '청춘애한방'도 먼 세계처럼 느껴졌다. 그런데 인터뷰가 끝나고, 감기에 걸려 목소리가 잘 나오지 않던 내게 김문수 이사가 건네준 쌍화차 한 팩을 보고 있자니, 한방이 최후의 수단이 아니라 최후의 정성이라는 생각이 들었다. 헐레벌떡 학교 가기 바빴던 시절에 배고프지 말라고 엄마가 쥐여주던 선식, 생리통으로 크게 고생한 이후 아빠가 영동까지 가서 사온 포도즙…. 청춘애한방은 그런 표정이었다.

INTERVIEW

안녕하세요, 본인 소개 부탁드려요.
안녕하세요, 청춘애한방의 이사장 김문수라고 합니다. 청춘애한방은 2016년에 청년 여섯이 모여 만든 협동조합이고요, 선식을 주력으로 판매하고 있습니다.

'청춘애한방'은 어떤 뜻이 담긴 이름인가요?
사실 한방이라고 하면 좀 예스러운 느낌이 있잖아요. 청년들이 모여서 만든 브랜드인 만큼 청춘스럽게, 활기차게 가보자 해서 이런 이름을 짓게 됐어요. 간단히 말해 '청춘이 사랑하는 한방'인 거죠.

여섯 분이 각자 맡은 역할이 있나요?
네, 분야가 다 다르거든요. 한 친구는 카페를 운영하면서 청을 만들고, SNS 홍보를 담당하고 있어요. 또 한 명은 산업디자인과를 졸업해서 청춘애한방의 디자인을 맡고 있고요, 약초를 전문적으로 수급하는 친구도 있어요. 직접 농사를 짓는 친구도 있는 반면, 제조를 도맡아서 하는 친구도 있습니다. 저는 주로 총괄 및 기획을 해서 전반적으로 관여하는 편이에요.

저만 그런지 몰라도 한방은 조금 다가가기 어려운 의술인 것 같아요. 다리를 접질렸다고 가정했을 때 저는 한의원이 아닌 정형외과에 갈 것 같거든요.
맞아요. 그런 경향이 있죠. 그래서 저희의 역할이 필요한 것 같아요. 어렵게 느껴지는 한방을 친근하게 풀어내는 거죠. 저희 고객층은 주로 10~20대예요. 팩으로 나와서 간편하고, 맛도 다양해서 좋아해주시는 것 같아요. 몇몇 어르신은 왜 이렇게 작게 만드냐고, 통에 좀 많이 담아야 하는 거 아니냐고 하시기도 하지만요.(웃음) 사실 선식 자체가 접하기 어려운 식품은 아니잖아요. 그런데 저희가 거기에 '한방'까지 접목하다 보니까 신선하게 봐주시더라고요.

중학생 때인가 엄마가 아침마다 선식을 먹였는데 그냥 미숫가루 같은 거구나, 하고 마셨거든요. 아마 저 같은 사람이 또 있을 텐데 선식의 이점에 관해 설명해주시겠어요?

먼저 식사 대신 한 끼 대용으로 간편하게 먹을 수 있다는 장점이 있고요, 등산을 하거나 갑작스레 에너지 보충이 필요할 때 먹어도 좋습니다. 밥이나 우유를 좋아하지 않는 아이에게도 우유에 타서 주면 좋아하더라고요. 맛을 놓치지 않으면서 그 안에 좋은 작용을 하는 잡곡과 한방 분말을 넣을 수 있다는 게 저희의 가장 큰 장점 같아요.

그럼 인기 있는 제품은 뭐예요? 다양한 맛이 있잖아요.

'#날씬한 곡물선식'요. 어떤 효과가 있는지 바로 짐작할 수 있게 이름을 지었어요. 이 선식은 주로 다이어트하시는 20대 여성분들께 인기가 많아요. '#똑똑한 블랙선식'은 담백한 맛을 좋아하시는 분들이 많이 찾아주시고요. 머리를 활성화해준다는 검은콩과 흑미를 넣어서 학생들에게 좋은 선식이에요. 아이들에게 가장 인기가 많은 건 당연 '#당충전 초코선식'입니다. 식물성 크림이 들어가서 달달한 맛이 나죠.

패키지도 간편하게 잘 만드셨어요.

저희가 '안녕선식', '요일선식'이라는 이름을 지었는데요, 요일마다 드시라고 총 일곱 가지 선식을 준비했어요. 한 가지 맛만 계속 드시면 지겨울 수도 있으니까요.

청춘애한방이라는 브랜드가 선식만 만드는 게 아니잖아요. 선식 이외에 어떤 제품이 있는지 소개해주세요.

약초가 가지고 있는 좋은 성분을 쉽게 응용할 수 있도록 식초를 만들었어요. 물에 타 드셔도 되고 요리에 사용해도 좋아요. 또 간편하게 술을 담가

2018.10.20까지
피부엔
호박
선식
청춘애한방
30g
ⓒ 청춘애한방

Skinny Shake
#날씬한
곡물선식
청춘애한방
30g
ⓒ 청춘애한방

드실 수 있게 병에다 약초를 넣어 보내드리는 패키지가 있어요. 어르신들이 많이 좋아하시죠. 그 밖에 사과즙, 도라지즙, 쌍화차 등 50여 가지의 식품이 있습니다.

쌍화차는 직접 제조하시는 거예요?

네, 정확한 명칭은 'B허벌티'이고요, 계피를 제외하고 국내산 백작약, 숙지황, 황기, 당귀 등을 넣어서 달인 거예요.

이전에도 한방 관련된 일을 하셨는지요?

그건 아니에요. 제천에서 농고, 안동에선 농대를 나왔어요. 졸업 후 부모님을 따라 농사를 지으려고 했는데 이미 형님이 농사를 지어, 아들 둘이 농사지을 필요는 없겠다 싶어서 저는 서울로 상경했어요. 결혼을 하고 큰 회사에서 직장 생활도 했다가 컴퓨터 전문점도 운영해봤어요. 그러다 진짜 즐거운 일이 뭘까 고민하게 됐죠. '내가 좋은 일 좀 해보자!' 해서요.

'내가 좋은 일 좀 해보자!'라는 말 좋네요. '좋아하는 일을 하자!'보다 더 와 닿아요.

그때는 정말 간절했어요. 오래 고민했는데 결국엔 농사 쪽에 관심이 가더라고요. 마침 제천시에서 청년 사업자를 모집하고 있기도 했고요. 그때 다시 고향으로 돌아오기로 결심했습니다.

농사와 한방은 관련이 있는 것 같으면서도 또 한편으론 영 관련이 없어 보여요.

부모님과 제 주변 친구들이 농사를 짓거든요. 일반 농가에선 채소를 많이 키우지만 제천에선 약초 농사를 많이 지어요. 이 일을 시작하게 된 계기도 농사짓는 친구 때문이에요. 예전부터 자신의 농산물을 팔아달라고 했거든요. 사실 귀담아듣지 않고 있었는데 귀농하려고 마음먹고 나니 한번 해볼까 하는 생각이 들더라고요. 사진도 찍고, 스티커도 만들고, 쇼핑몰도 만들어서 운영했죠. 본격적으로 제품 판매를 시작하면서 청년몰에 입점하게 됐고요.

제천과 서울, 두 지역에서 생활해보셨잖아요. 비교했을 때 제천은 어떤 지역인 것 같아요?
슬로건이라고 할까요, 제천은 예전부터 청풍명월의 고장이라고 불렸어요. 요즘엔 자연 치유의 도시, 한방 약초의 고장이라고 불리고요. 그런데 좀 아쉬운 점이 있더라고요. 제천을 대표할 수 있는 상품이 부족하다는 것. 저희가 노력해서 그 슬로건에 걸맞은 제품을 내놓으려고 해요.

앞서 말씀하신 것처럼 한방에 접근할 수 있었던 이유가 제천이 약초로 유명했기 때문이잖아요. 알게 모르게 지역의 영향을 받아왔을 텐데, 어릴 때 기억하는 제천과 지금의 제천의 모습은 다른가요?
그건 뭐, 제천뿐만 아니라 어디를 가나 마찬가지인 것 같아요. 저 어렸을 때도 아버지가 똑같이 공부해라, 숙제해라 하셨지만 그럼에도 자연에서 뛰어노는 시간이 많았거든요. 그때는 있어봐야 고작 텔레비전이 전부였고 지금처럼 스마트폰이 있는 것도 아니었으니까요. 지금은 자연에서 놀 수 있는 환경과 시간이 점점 줄어들고 있잖아요. 저는 우리 아이들이 저처럼 자연에서 뛰어놀고 자연에서 배웠으면 해요. 그게 아이들이 자랐을 때 큰 도움이 될 거라고 생각해요. 고난이 왔을 때 극복하는 내력이 생긴다고 해야 할까요.

청춘애한방의 궁극적인 목표가 궁금합니다.
아무래도 청년들이다 보니까 자본금에 대한 애로사항이 있어요. 올해는 그런 것들을 잘 헤쳐나가서 오롯한 기업으로 성장하고 싶어요. 국내 시장의 입지를 다진 후에는 해외 수출도 도전해보고 싶고요. 지금처럼 공동의 목표를 갖고 일하면 고용도 창출하고 배당도 많이 받을 수 있지 않을까요.

인터뷰가 끝나고 김문수 이사가 쥐여준 쌍화차는 바로 먹지 않았다. 모든 일정을 마치고 집에 돌아와서야 엄마의 성화에 못 이겨 데워 마셨다. 그리고 푹 잤다. 그다음엔 어떻게 됐냐고? 전개상 감기가 깨끗이 나아야겠지만 그런 드라마틱한 일은 일어나지 않았다. 하지만 해저 끝에 두고 온 듯 가라앉았던 목소리가 깨끗한 수면 위로 올라와 다시 찰랑거렸다. 아프면 일단 속고 보는 뜨듯한 엄마의 약손이 생각나는 날이었다. 그래, 딱 이 정도의 치료가 필요한 날도 있는 법이지. 나머진 약손이 훑고 간 온기가 낫게 해줄 테니까 걱정은 하지 않았다.

BRAND 02

LOCAL   PLAY **KIT**
충주 / 햇빛농원

농부의 사과

요각골 농부 이야기

나는 내가 모르는 것을 아는 사람을 존경한다. 그중 하나가 농부다. 농부는 땅과 하늘의 유기를 알고 계절의 순환을 가장 먼저 손끝으로 만져보는 사람이다. 햇빛농원 김청호 대표는 — 대부분의 전문가가 그러하듯이 — 특별할 것 없다는 표정으로 30년간 이어온 농사 세계에 대해 말했다. 나는 30년 동안 흙을 만지고 나무를 가꾸는 건 어떤 일일까 상상했는데 얼마 안 되어 관뒀다. 사과 한 알만 먹어보면 그만일 일이었다.

INTERVIEW

쑥스러우시죠.(웃음) 간단한 소개 부탁드릴게요.
안녕하세요, 김청호라고 합니다. 저는 요각골이라는 동네에서 태어나 지금까지 쭉 살고 있어요. 어릴 때부터 부모님을 도와 농사를 지었는데 본격적으로 시작한 건 군대를 다녀온 이후예요. 제가 지금 쉰둘이니까, 한 30년 이상 한 것 같네요.

부모님께서도 사과 농사를 지으신 거예요?
충주가 사과로 유명하지만 원래 요각골엔 사과 농원이 일부만 있었어요. 보통 고추, 참깨, 토마토 농사를 지었는데 경사가 심하다 보니까 그런 농사는 타산이 잘 안 맞더라고요. 그래서 사과 농사를 짓게 된 거죠. 동네 주민들도 하나둘씩 과수원을 시작했어요. 농사짓기는 힘들어도 맛은 좋으니 사과로 바꾼 거죠.

'요각골'이라는 마을 이름은 정말 생소해요. 인터넷에 검색해봐도 잘 나오지 않던걸요?
우리 동네는 산 중턱에 자리한 마을이에요. 고개를 하나 넘으면 시골 풍경이 펼쳐지고 또 고개를 살짝 넘으면 충주 시내와 가까워요. 번화가와 가까우면서도 시골 풍경이 여전히 존재하는 곳이죠.

이곳 사과가 특별히 맛있는 이유가 있나요?
지역적 특성이 크게 작용하는 것 같아요. 여름에 충주 시내에 있다가 여기로 올라오면 확 시원한 느낌이 들어요. 해발 300m 정도 되니까 일교차도 큰 편이죠. 경사가 가파른 덕에 배수도 잘되고요. 아무리 비가 많이 와도 물이 잘 빠지니까 사과에 큰 해를 주지 않아서 당도도 잘 나오고 단단한 것 같아요.

인시즌 김현정 대표가 조카인 거죠? 햇빛농원의 사과를 재가공한 식품을 판매하고 있잖아요. 맛보셨어요?

예, 뭐. 우리가 1차 가공한 것을 가져가서 재가공한 건데 맛은 상당히 좋았어요. 그런데 지금 조카가 듣고 있어서.(웃음) 오미자하고 사과하고 배였나? 농축해서 물에 타 먹을 수 있는 시럽을 먹어봤어요.

그럼 조카분이 먼저 제안 하신 건가요?

정확히 뭘 하는지는 모르겠는데 보내달라고 하니까 보내줬어요.(웃음)

아주 근본적인 게 궁금한데요, 사과는 어느 정도의 시간이 지나야 수확할 수 있나요?

뭐, 품종마다 기간이 다른데, 겨울에 가지치기했으니까 곧 꽃눈이 나오겠죠? 꽃눈이 나오면 4월 중순에 꽃이 피고, 7월 중순부터 수확하는 품종이 있어요. 10월 말에서 11월 초까지 수확하는 품종도 있고요.

보통 과일 고를 때 당도를 되게 중요시하잖아요. 일반 소비자가 당도 말고도 주의 깊게 볼 부분이 있을까요?

그전에는 색깔을 많이 봤죠. 요즘엔 말씀하신 것처럼 당도나 단단한 세기를 보고요. 사과 표면을 두드렸을 때 탱탱 소리가 나면 맛있는 사과라고 할 수 있어요.

다른 사과와 비교했을 때 햇빛농원 사과 맛은 어떤 것 같아요? 이거 이미 정해진 답인가요?(웃음)

글쎄요, 저는 우리 집 사과만 먹으니까 다른 집 사과 맛은 잘 몰라요.(웃음) 그런데 정확히 말할 수 있는 건 저희 사과는 향이 살아 있다는 거예요. 향이 깊어요.

대표님의 일과가 궁금해요.

요즘엔 아침부터 늦은 저녁까지 가지치기를 하고 있어요. 뭐, 보통 4월엔 아침에

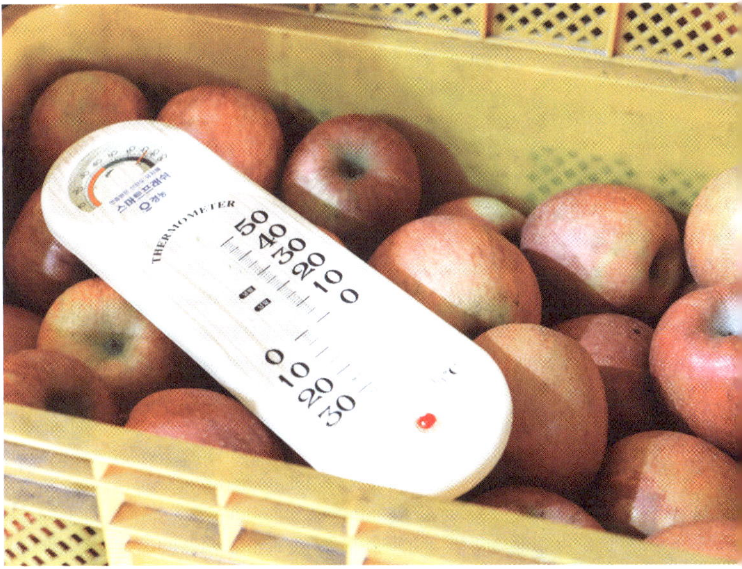
스마트프레쉬
THERMOMETER

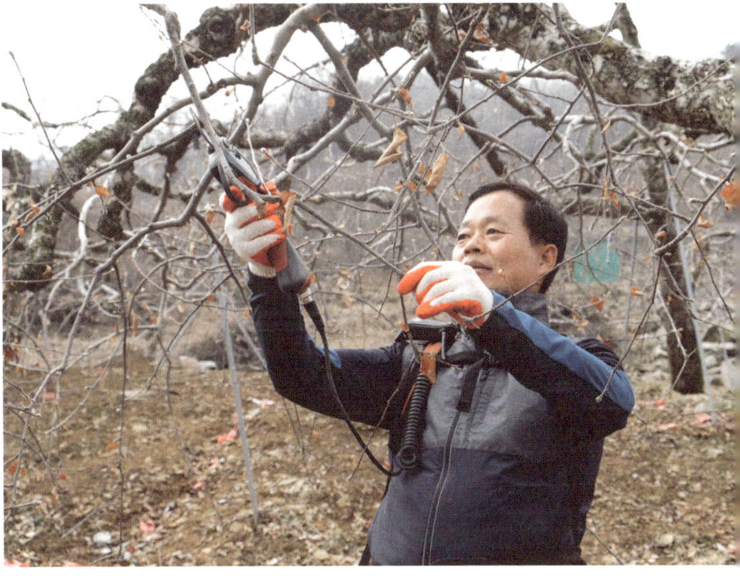

일어나서 꽃을 따고, 꽃이 질 때면 '적과'라고 사과를 솎아주는 일을 해요. 그런 식으로 살고 있죠.

농부는 몸이 부지런하되 마음은 느긋해야 한다고 생각해요. 이번 해에 수확이 안 될 경우도 있고, 자연에 의지할 수밖에 없는 일이기 때문에 기다릴 때도 많잖아요. 대표님이 생각하는 농부는 어떤 것 같아요?
글쎄요, 되게 어려운 질문인데요. 제가 볼 때 농부는 매일 속고 사는 게 아닌가 싶어요. 봄이 오면 '이번에는 농사 좀 되겠지?' 이런 마음인데, 가을이 오면 다시 '아, 생각보다 안 될 수도 있겠구나' 이래요. 매번 자책하지만 매번 희망을 놓지 않는 것도 농부죠.

그럼 언제 농사가 가장 잘되었어요?
5~6년 전에 유독 잘됐던 것 같아요. 그때는 시기적으로도, 자연적으로도 조건이 잘 맞았어요. 다른 저지대 농원은 인공적으로 간수를 하니까 괜찮은데, 우리는 그렇게 물을 줄 수 없으니까 자연에 많이 의지하며 살거든요.

모든 일이 그렇겠지만 농사를 지으면서 어쩔 수 없이 포기해야만 하는 부분이 있고, 지켜내고자 하는 일이 있잖아요.
가장 중요한 건 신뢰예요. 소비자와 직접 거래하든 공판장을 거쳐 거래하든 신뢰가 필요해요. 공판장에 있는 사람들도 다 주민이거든요. 그분들하고도 신뢰가 필요한 거예요.

요각골을 떠나본 적이 없다고요. 충주는 어떤 도시예요?
충주는 적당히 발전하고 적당히 멈춰 있는 농촌형 도시예요. 특별히 자랑할 건 없지만 그래도 살기엔 좋죠. 공기도 맑고 풍광도 좋고.

햇빛농원을 통해서 이루고 싶은 것이 있다면요?
음… 목표라고 하면, 내가 생산하는 사과가 소비자한테 널리 홍보되고, 맛있다는 소리 듣는 거겠죠?

정말이지 진부한 표현이라서 쓰긴 싫지만 햇빛농원의 사과는 참 맛있었다. 사과를 좋아하는 편이 아님에도 김청호 대표가 챙겨준 사과를 생각날 때마다 아작 베어 물었다. 채소만 신선하다고 생각해봤지 과일의 신선함은 그때 처음 느꼈다. 그 사과 한 알에 그의 30년 농사 인생을 가늠했다고 하면 무리이려나? 하지만 과수원 농부가 과실로 말하지 않는다면 무엇으로 표현하겠는가. 비록 글이 아니면 달리 표현하지 못할 에디터가 '맛있다'는 진부한 표현을 쓰고 있지만. 그런데 김청호 대표가 그랬다. 농부에게는 맛있다는 소리가 제일이라고. 어쩌면 사람들은 진부한 표현을 듣기 위해 이렇게 열심히 살고 있는 걸지도 모르겠다. 잘했어, 멋있어, 최고야 같은 유치한 말들을 듣기 위해. 앞으로도 김청호 대표가 그런 진부한 말을 많이 들었으면 좋겠다.

RECIPE
로컬 레시피

선식과 시럽을 이용한
간단 디저트

STUDIO 차리다

/

'인생을 아름답게, 차리다'를 모토로 하는 라이프 디자인&푸드 스타일링 컴퍼니 '차리다'는 푸드 스타일리스트 김은아와 브랜드 디렉터 심승규를 중심으로 광고 및 브랜딩 분야에서 활발한 활동을 펼치고 있다. 현재 한남과 합정에서 스튜디오를 운영 중이며, 최근에는 전통 주방을 현대식으로 재해석한 '김은아의 부엌'을 북한남 사거리에 열었다. 요즘은 가마솥으로 음식을 만들어 먹는 재미에 빠져 있다.

01

선식 경단 & 초코선식 라테

with

제천 청춘애한방

MATERIAL

경단 재료 청춘애한방 선식가루(날씬한 곡물선식, 기운찬 한방선식, 당충전 초코선식, 피부엔 호박선식 각 1봉지), 찹쌀가루 2컵, 따뜻한 물 1컵, 소금 1작은술, 꿀 2큰술
라테 재료 당충전 초코선식 1봉지, 두유 1컵, 꿀 1큰술, 초콜릿 가루 조금

RECIPE

01 찹쌀가루에 소금과 따뜻한 물을 넣어 익반죽한다.
02 반죽을 2cm 크기로 동그랗게 뭉쳐 끓는 물에 넣어 삶고, 경단이 떠오르면 건져서 찬물에 헹군다.
03 2의 반죽에 꿀을 묻히고, 그 위에 선식가루를 골고루 묻혀 경단을 완성한다.
04 두유에 초코선식과 꿀을 넣어 골고루 섞고, 그 위에 초콜릿 가루를 올려 라테를 완성한다.

STYLING TIP

다양한 선식가루를 묻힌 경단을 꼬치에 꽂고 유리컵에 넣어주세요. 가루가 떨어지지 않아 테이블이 지저분해지지 않고, 손님이 모였을 때 간단하게 자신의 몫을 챙길 수 있어 편리합니다.

RECIPE 충주
MATERIAL 사과계피시럽

02

사과계피시럽 아이스크림 도넛

/

with

햇빛농원(인시즌)

MATERIAL

사과계피시럽 1컵,
사과 1개, 도넛 가루 2컵, 달걀 1개, 물 1컵,
바닐라 아이스크림 900mL, 아몬드 가루 조금

RECIPE

01 도넛 가루에 달걀과 물을 넣고 골고루 섞는다.

02 사과는 씨를 제거하고 0.5cm 두께로 썰어 1의 반죽을 묻힌다.
180℃로 달군 기름에 노릇하게 튀긴다.

03 2에 바닐라 아이스크림 한 스쿱을 올린다.

04 사과계피시럽과 아몬드 가루를 뿌려 완성한다.

STYLING TIP

사과 도넛에 아이스크림을 얹은 뒤 시럽을 뿌려주세요.
케이크 트레이에 올린 뒤 견과류와 민트 잎으로 장식하면
파티 테이블 스타일의 플레이팅 완성.

PLACE
제천과 충주의 면면

여행을 떠나기 전
훑어야 할 50곳

먹거리

01 SIGNAL ON
02 대보명가
03 덩실분식
04 레뚜알
05 마당
06 명광식당
07 사라당
08 순수해
09 에스프레소 콘파냐
10 영춘관
11 원뜰
12 월악식당
13 카페 슬로비
14 커피라끄
15 학현식당

볼거리

16 박달재
17 배론성지
18 청풍문화재단지
19 청풍호 관광 모노레일
20 탁사정

쉴 거리

21 더프라우드리조트
22 디투어스 캠프클럽
23 리솜포레스트
24 박달재자연휴양림
25 청풍게스트하우스

PLACE 제천

01
먹거리

제천 / PLACE **01**

SIGNAL ON

ADD
충북 제천시 장락로 183-1

TEL
043 651 7977

COST
돈가스 10,000 / 돈가스 김치나베 15,000

카메라 감독으로 일했던 주인장이 운영하는 LP 카페 겸 바. 카메라를 비롯한 각종 방송 장비와 DVD, LP 레코드가 벽면을 가득 메우고 있다.

제천 / PLACE 02

대보명가

ADD
충북 제천시 용두대로 287
TEL
043 643 3050
COST
한정식 15,000

제천에서 나는 한방 약초와 산나물, 견과류 등을 사용해 음식을 만드는 식당이다. 한정식을 주문하면 남자에게 좋은 약재와 여자에게 좋은 약재로 지은 밥을 방문객의 성별에 따라 내어준다.

제천 / PLACE 03

덩실분식

ADD
충북 제천시 독순로6길 5
TEL
043 643 2133
COST
덩실찹쌀떡, 덩실팥도넛, 덩실링도넛 700

노릇하게 튀긴 도넛과 따끈한 찹쌀떡 등 추억의 간식을 파는 오래된 분식집이다. 가게 맞은편에는 구매한 음식을 먹고 갈 수 있도록 자리를 마련한 '덩실떡' 카페가 있다.

제천 / PLACE 04

레뚜알

ADD
충북 제천시 용두대로 55

TEL
070 7672 3875

COST
아메리카노 3,500 / 카페라테 4,000

젊은 감각과 깔끔한 인테리어로 인기를 끌고 있는 카페다. 2층에 야외 테라스가 있어 햇볕을 쬐기 좋고, 벽에 걸린 흑백사진을 감상하며 시간을 보내기도 좋다.

제천 / PLACE **05**

마당

ADD
충북 제천시 의림대로 230

TEL
043 647 4867

COST
아메리카노 3,000 / 더티카페모카 4,500

벽면이 통유리로 된 덕분에 한낮의 햇볕과 해 질 녘 노을, 밤의 달과 별을 모두 즐길 수 있는 카페다. 시시각각 바뀌는 풍경을 보기 위해서 하루에도 여러 번 찾게 되는 곳이기도 하다. 야외 마당이 있어 아이들이 뛰어놀기 좋다.

제천 / PLACE **06**

명광식당

ADD
충북 제천시 의병대로 95
TEL
043 646 1831
COST
올챙이묵 3,000 / 칼국수 4,000

올챙이묵 만드는 과정을 시간 가는 줄도 모르고 구경하고 있다 보면 모녀가 합심해서 차린 푸짐한 한 상이 완성된다. 어머니는 메밀전병을 부치고 딸은 만두를 빚는데, 이 둘의 조합은 모녀의 사이만큼이나 좋다.

제천 / PLACE **07**

사라당

ADD
충북 제천시 독순로13길 12
TEL
043 646 7159
COST
야채사라다 2,000 / 오먹감자사라다 2,500

적지 않은 이들의 추억 속에 아련하게 남아 있을 사라다를 맛볼 수 있는 곳이다. 배를 든든하게 채우는 맛과 정이 일품이므로, 간단하지만 실속 있게 끼니를 해결하고 싶을 때 제격이다.

제천 / PLACE **08**

순수해

ADD
충북 제천시 죽하로 71-1

TEL
043 652 0531

COST
딸기생크림케이크 5,600

이름처럼 새하얀 인테리어가 매력적인 카페다. 딸기를 듬뿍 올린 케이크와 초코케이크 등 당일 만들어내는 수제 디저트가 유명하다. 미리 주문하면 홀케이크를 레터링으로 장식할 수 있다.

제천 / PLACE **09**

에스프레소 콘파냐

ADD
충북 제천시 의병대로 15길 2

TEL
043 646 0515

COST
통통딸기, 초코, 치즈 6,500

생크림과 과일이 가득 담긴 통통 음료 시리즈로 알려진 카페다. 그중 통통딸기가 제일 유명하고, 메뉴 개발을 좋아하는 주인장이 철마다 선보이는 음료들 역시 인기가 많다.

제천 / PLACE **10**

영춘관

ADD
충북 제천시 청풍호로7길 10
TEL
043 643 2992
COST
홍합짬뽕 6,000 / 매콤해물짜장 5,000

자체 개발한 소스로 다른 중국집과 차별화를 꾀하는 곳이다. 특히 빨간 소스로 만든 매콤해물짜장은 매운 음식을 좋아하는 사람이라면 제천에서 반드시 먹어보아야 하는 음식 중 하나로 꼽힌다.

제천 / PLACE **11**

원뜰

ADD
충북 제천시 금성면 국사봉로26길 18
TEL
043 648 6788
COST
약채락비빔밥 10,000 / 약채밥상 12,000

제천 특산물인 약재를 넣어 조리한 약선 음식 전문점이다. 약재와 함께 구운 생선과 고기에서는 비린내가 나지 않는다. 구미가 당기는 냄새 때문인지 마당에 길고양이가 자주 드나든다고 한다.

제천 / PLACE **12**

월악식당

ADD
충북 제천시 독순로 108

TEL
043 644 8624

COST
찌개류 6,000 / 제육볶음 20,000

푸짐하게 차린 백반이 일품인 식당이다. 담백한 음식이 달고 짠 음식에 지친 미각을 달래준다. 파릇한 상추에 제육볶음을 올려 한입에 넣으면 느껴지는 친근한 소박함이 유독 반갑다.

제천 / PLACE **13**

카페 슬로비

ADD
충북 제천시 청풍명 배시론로 18

TEL
043 645 1131

COST
직접 볶는 커피 4,000 / 지리산 야생차 5,000

핸드드립 커피와 홍차, 보이차, 지리산 야생차 등의 음료에 자부심을 가진 주인장이 운영하는 카페다. 사전에 예약하면 커피와 차에 대한 지식을 소개하는 수업을 들을 수 있으며, 소장 욕구를 불러일으키는 찻잔을 구경하는 재미도 쏠쏠하다.

제천 / PLACE **14**

커피라끄

ADD
충북 제천시 금성면 청풍호로 1226
TEL
010 8972 9741
COST
아메리카노 3,500 / 홈메이드 케이크 4,000

청풍호를 보며 커피를 음미할 수 있는 카페다. 실내가 넓기 때문에 앉는 테이블마다 보이는 풍경이 다르다. 겨울에는 벽난로 옆에 앉아 눈 덮인 산을 감상할 수 있고, 여름에는 그늘에 앉아 시원한 호수 바람을 만끽할 수 있다.

제천 / PLACE **15**

학현식당

ADD
충북 제천시 청풍면 학현소야로 390
TEL
043 647 9941
COST
토종닭백숙, 토종닭도리탕 50,000

토종닭을 푹 고아 만든 백숙과 매콤한 닭볶음탕을 맛볼 수 있는 제천의 숨은 맛집이다. 주요리가 나오기 전에는 두릅전을 내고, 고기를 먹고 나면 죽을 주기 때문에 한 마리만 주문해도 장정 세 명이 너끈히 먹는다.

PLACE 제천

02
볼거리

제천 / PLACE **16**

박달재

ADD
충북 제천시 백운면 평동리

COST
무료

제천에서 한양으로 가려면 반드시 넘어야 했던 고개다. 과거를 보기 위해 한양으로 향하던 박달 도령과 금봉 낭자의 애절한 전설이 '울고 넘는 박달재'라는 노래를 통해 전해 내려온다.

제천 / PLACE **17**

배론성지

ADD
충북 제천시 봉양읍 배론성지길 296

TEL
043 651 9317

COST
무료

우리나라 최초의 근대식 학교인 성요셉 신학교가 있던 곳으로, 한국 천주교 포교의 시발점이다. 주말에는 성지를 순례하는 신도들로 항상 북적인다. 계절에 따라 달라지는 풍경 덕분에 사시사철 다양한 아름다움을 뽐내는 곳이다.

제천 / PLACE **18**

청풍문화재단지

ADD
충북 제천시 청풍면 청풍호로 2048

TEL
043 641 5532

COST
어른 3,000 / 청소년·군인 2,000 / 어린이 1,000

청풍문화재단지는 충주다목적댐 건설로 수몰된 61개 마을의 문화재를 청풍호 위 산기슭에 모아 조성했다. 이곳에서는 보물 2점과 문화재 9점, 생활 유물 5천 점을 만나볼 수 있다.

제천 / PLACE **19**

청풍호 관광 모노레일

ADD
충북 제천시 청풍면 청풍명월로 879-17

TEL
043 653 5120

COST
어른·청소년 4,000 / 어린이 3,000

청풍호 중앙부에 우뚝 솟은 비봉산(해발 531m)을 오르는 모노레일이다. 40분 동안 울창한 숲과 청풍호의 탁 트인 경관을 앉아서 즐길 수 있다. 산과 호수가 함께 어우러지는 매력적인 자연경관을 높은 눈높이에서 감상할 수 있는 가장 좋은 수단이다.

제천 / PLACE **20**

탁사정

ADD
충북 제천시 봉양읍 구학리 탁사정

TEL
043 641 4335

COST
무료

절벽 위에 고고하게 자리한 정자다. 한적하면서도 수려한 경관이 내려다보이는 절벽 아래로는 용암천이 흐르는데, 여름철 피서지로 유명하다.

PLACE 제천

03
쉴 거리

제천 / PLACE **21**

더프라우드리조트

ADD
충북 제천시 백운면 구학산로 1038

TEL
043 651 7000

COST
홈페이지 참고

자연 속에 위치한 캠핑 리조트로 카라반, 글램션, 글램핑, 펜션 등 다양한 형태의 숙박 시설이 마련되어 있다. 반려동물을 위한 구역이 갖춰져 있고, 함께 숲을 걸을 수도 있기 때문에 반려인이 즐겨 찾는 리조트로 명성이 높다.

제천 / PLACE **22**

디투어스 캠프클럽

ADD
충북 제천시 청풍면 청풍명월로 246

TEL
010 8933 0252

COST
홈페이지 참고

청풍호 기슭에 자리해 아름다운 수변 경관을 즐길 수 있는 캠핑장이다. 호실에 따라 전용 데크와 노천 스파도 갖춰 호수를 빨갛게 물들이는 노을을 바라보면서 노천욕을 즐길 수 있다.

제천 / PLACE 23

리솜포레스트

ADD
충북 제천시 백운면 금봉로 365

TEL
043 649 6000

COST
홈페이지 참고

주위를 둘러싼 산줄기 사이로 탁 트인 전망을 보며 평온한 스파를 즐길 수 있는 곳이다. 키즈존과 찜질방이 마련되어 있어 종일 시간을 보내러 오는 방문객이 대부분이다. 100% 회원제로 운영된다.

제천 / PLACE 24

박달재자연휴양림

ADD
충북 제천시 백운면 금봉로 228
TEL
043 652 0910
COST
성수기 60,000 ~ 100,000

박달재 기슭에 있는 휴양림이다. 숲을 감싼 절벽 위로는 경은사가 있으며, 절과 소나무의 어우러짐이 마치 한 폭의 동양화를 보는 듯하다. 소나무 숲에 마련된 숙소에서 자연을 느끼며 휴식을 만끽할 수 있다.

제천 / PLACE 25

청풍게스트하우스

ADD
충북 제천시 의림대로6길 5
TEL
010 9871 5886
COST
1인 25,000 ~ 30,000

주인장이 와인을 좋아하는 덕분에 종종 와인 파티가 열린다. 와인 글라스가 예쁘게 진열된 부엌에서 잔 단위로 파는 와인을 마시며 기분 좋게 하루를 마무리할 수 있다.

● 먹거리

- **01** 88개의 바람개비를 돌리다
- **02** 대장군식당
- **03** 듀레베이커리
- **04** 실희원
- **05** 연수골
- **06** 이름난순대의신
- **07** 장모님만두
- **08** 적보산
- **09** 중앙탑메밀마당
- **10** 중앙탑오리집
- **11** 째즈와산조
- **12** 카페민들레
- **13** 카페아넬
- **14** 하이파운드
- **15** 호수로1010

● 볼거리

- **16** 관아공원
- **17** 충주라바랜드
- **18** 충주라이트월드
- **19** 탄금대
- **20** 탄금승마클럽

● 쉴 거리

- **21** 문성자연휴양림
- **22** 서유숙
- **23** 수안보 온천랜드
- **24** 최응성 고택
- **25** 충주호반펜션

PLACE 충주

01
먹거리

충주 / PLACE 01

88개의 바람개비를 돌리다

ADD
충북 충주시 동량면 동산로 109
TEL
043 851 2622
COST
롱블랙 4,000 / 헤이즐넛 라테 5,000

아기자기한 인테리어가 자아내는 편안함을 즐기며 오래 머무르기 좋은 카페다. 기찻길과 남한강 지류 사이에 위치한 덕분에 기차 소리를 들으며 커피를 마실 수 있다. 1층은 가정집이고, 2층을 카페로 운영한다.

충주 / PLACE 02

대장군식당

ADD
충북 충주시 수안보면 미륵송계로 105
TEL
043 846 1757
COST
꿩전통요리 풀코스 1인 30,000 ~ 40,000

꿩 요리 1인자가 운영하는 수안보 맛집이다. 회, 생채, 꼬치, 불고기, 만두, 수제비, 샤부샤부로 나오는 꿩 요리가 낯설게 느껴질 수도 있지만, 맛이 부드럽고 담백해 처음 먹는 사람도 부담 없이 즐길 수 있다.

충주 / PLACE 03

듀레베이커리

ADD
충북 충주시 연수동산로1길 2

TEL
043 854 5438

COST
블루베리빵 5,800 / 어니언베이글 2,500

충주 사람들이 즐겨 찾는 빵집이다. 천연발효종으로 만들고 버터와 설탕을 사용하지 않기 때문에 건강에 좋다. 케이크, 타르트, 식빵 등은 모양이 예뻐서 선물로도 인기가 많다.

충주 / PLACE 04

실희원

ADD
충북 충주시 동량면 조돈뒷말길 26-6

TEL
043 855 5556

COST
뽕잎나물밥 10,000 / 실희원 차 5,000

뒤로는 산이 있고 앞마당엔 잔디가 넓게 깔린 한옥 카페다. 식사 메뉴도 갖춰 끼니와 후식을 한자리에서 해결할 수 있다. 창문에 그림처럼 펼쳐진 산줄기를 보고 있으면 마음이 절로 느긋해진다

충주 / PLACE 05

연수골

ADD
충북 충주시 연수로 76-7
TEL
043 844 5931
COST
짜글이찜 소 20,000 / 중 30,000

짜글이는 양념한 돼지고기에 감자, 양파를 넣고 자작하게 끓인 찌개다. 연수골에서는 충청도 향토 음식인 짜글이를 저렴한 가격에 푸짐하게 맛볼 수 있다. 흰쌀밥에 고기와 국물을 넣고 비비면 밥도둑이 따로 없다.

충주 / PLACE 06

이름난순대의신

ADD
충북 충주시 동수5길 41
TEL
043 857 2775
COST
순대국밥 7,000 / 어린이국밥 3,500

30년 동안 자리를 지킨 덕분에 충주에선 이미 유명한 맛집이며 대를 이어 전수하는 조리법으로 순대를 만든다. 돼지고기 잡내를 없앤 순대를 한입 먹어보면, 식당 이름에 나타낸 자신감을 이해할 수 있다.

충주 / PLACE **07**

장모님만두

ADD
충북 충주시 충인8길 4-2

TEL
043 843 9032

COST
김치만두 10개 2,000

순대 만두 골목에 있는 만둣집이다. 매운 김치만두로 유명한 이 집엔 유독 단골손님이 많아 만두를 택배로도 배송하고 있다. 한번 맛보면 김치만두의 매운맛을 잊을 수 없다.

충주 / PLACE **08**

적보산

ADD
충북 충주시 수안보면 수회리로 122

TEL
043 846 3340

COST
돼지갈비 10,000 / 고추장불고기 9,000

적보산은 고기부터 메밀면까지 두루 갖춘 가든 음식점이다. 돼지갈비와 고추장불고기를 과식하면 뒤이어 제공되는 메밀면을 먹을 수 없으니 주의해야 한다. 메밀면은 반찬으로 나오는 열무김치와 함께 버무려 먹으면 더욱 맛있다.

충주 / PLACE **09**

중앙탑메밀마당

ADD
충북 충주시 중앙탑면 중앙탑길 103
TEL
043 855 0283
COST
메밀막국수 5,500 / 메밀프라이드치킨 15,000

모든 음식에 메밀이 들어가는 메밀 요리 전문점이다. 1996년부터 20년 넘게 한 자리를 지키고 있으며, 맛을 유지하기 위해 체인점을 운영하지 않는 영업 철학 덕분에 믿음이 간다.

충주 / PLACE **10**

중앙탑오리집

ADD
충북 충주시 중앙탑면 중앙탑길 116-4
TEL
043 857 5292
COST
삼계탕 12,000 / 오리백숙 50,000

충주시에서 향토 음식점 인증을 받은 오리 요리 전문점이다. 대표 음식은 한약재를 넣어 고기 누린내를 없앤 오리백숙이며, 백숙을 다 먹으면 찹쌀밥을 넣어 죽을 쑤어준다.

충주 / PLACE **11**

째즈와산조

ADD
충북 충주시 지곡6길 39

TEL
043 854 5535

COST
아메리카노 5,000 / 티 종류 5,000~6,000

초록 잎사귀가 에워싼 입구를 지나면 20년 동안 한 곳을 지킨 카페가 모습을 보인다. 책과 빈티지 소품, 음향 장비가 매력적인 곳으로, 조도가 낮은 조명에 오래된 물건이 어우러진 은근한 분위기를 즐기기 위해 이곳을 찾는 커플이 많다.

충주 / PLACE **12**

카페민들레

ADD
충북 충주시 동량면 지등로 1055

TEL
043 851 2754

COST
가래떡구이 3,000 / 돈가스 13,800

거주 공간이던 한옥을 카페 겸 레스토랑으로 개조하고, 별장처럼 느낄 수 있도록 실내를 편안한 분위기로 꾸몄다. 모닥불에 앉아 이야기를 나누다가 무심코 고개를 들면 별이 촘촘히 박힌 밤하늘이 보인다.

충주 / PLACE **13**

카페아넬

ADD
충북 충주시 충주호수로 1110-2
TEL
010 9426 0733
COST
아메리카노 5,000 / 바닐라라테 6,500

나무 재질로 마감한 바닥과 벽, 천장을 보며 따뜻한 느낌을 받을 수 있는 카페다. 저녁 6시에 메인 등이 켜지면 운치가 더욱 깊어진다. 주인장이 돌보는 고양이들과 함께 노는 재미도 쏠쏠하다.

충주 / PLACE **14**

하이파운드

ADD
충북 충주시 동수1길 31
TEL
043 853 0120
COST
아메리카노 3,000 / 리얼초콜릿 4,500

초등학교와 주택가 사이에 자리한 모던한 분위기를 지닌 카페다. 관광지 특유의 북적거림에 지친 여행객이 쉬어 가기 좋다. 당일 오전에 만드는 달달한 파운드케이크가 씁쌀한 커피와 잘 어울린다.

충주 / PLACE **15**

호수로1010

ADD
충북 충주시 충주호수로 1010
COST
아메리카노 5,500 / 스무디 7,000

호수로1010은 충주호 기슭에 있는 2층 규모의 카페다. 넓은 창문을 통해 시원하게 펼쳐진 충주호를 볼 수 있고, 루프톱은 커피와 맥주를 마시며 호수를 내려다보는 사람들로 항상 붐빈다.

PLACE 충주

02
볼거리

충주 / PLACE **16**

관아공원

ADD
충북 충주시 충인6길 1

TEL
043 850 7303

COST
무료

충주 도심에 있는 공원이다. 충청감영문 안쪽에는 수령이 500년을 훌쩍 넘은 느티나무와 충주시 문화재로 지정된 청녕헌과 제금당이 있다. 넓은 공원에 앉아서 도심 속 고요함을 즐길 수 있는 장소다.

충주 / PLACE **17**

충주라바랜드

ADD
충북 충주시 남한강로 24, 세계무술공원 내

TEL
043 852 7721 / 1544 7721

COST
어린이 2~13세까지 12,000 / 어른 6,000

애니메이션 〈라바〉를 주제로 만든 어린이 테마파크다. 실외, 실내, 옥상에 걸쳐 조성된 다양한 시설을 탐험하는 재미가 있다. 자녀와 함께 여행 중이라면 빼놓을 수 없는 필수 코스다.

충주 / PLACE **18**

충주라이트월드

ADD
충북 충주시 남한강로 24

TEL
02 572 7778

COST
성인 15,000 / 중·고등학생 13,000

충주라이트월드는 빛을 주제로 한 조성한 테마파크다. 한국, 미국, 중국, 프랑스, 영국, 이스라엘, 네덜란드 등 각국의 동화를 빛으로 표현한 조명예술품과 1,400여 개의 빛 조형물을 감상할 수 있다.

충주 / PLACE **19**

탄금대

ADD
충북 충주시 탄금대안길 105
TEL
043 848 2246
COST
무료

우륵의 가야금 연주에 감동한 신라 진흥왕이 우륵에게 하사한 장소다. 낮은 구릉지대이기 때문에 가볍게 산책하기에 좋으며, 조각공원과 대흥사 옆을 천천히 걷다 보면 남한강이 보이는 탄금정에 이른다.

충주 / PLACE **20**

탄금승마클럽

ADD
충북 충주시 창현로 1433
TEL
043 846 4300
COST
전화 문의

굳이 제주도까지 가지 않아도 승마를 즐길 수 있다. 어른과 어린이를 위한 프로그램을 운영하고 있어 온 가족이 직접 말을 타보거나 말에게 먹이를 주는 체험을 해 볼 수 있다.

PLACE 충주

03
쉴 거리

충주 / PLACE 21

문성자연휴양림

ADD
충북 충주시 노은면 우성1길 191
TEL
043 870 7911
COST
홈페이지 참고

자주봉산 안에 있어 숲 내음이 느껴지는 휴양림이다. 별을 볼 수 있는 고구려천문대와 숲 체험 프로그램, 그리고 온천이 마련되어 있어 오감으로 자연을 즐기기 좋은 곳이다.

충주 / PLACE 22

서유숙

ADD
충북 충주시 소태면 덕은로 596
TEL
043 855 9909 / 010 3477 8831
COST
홈페이지 참고

널찍한 한옥에 앉아 아름다운 자연을 만끽할 수 있는 곳이다. 실내에는 푹신한 매트리스가 있고 부엌과 화장실은 새롭게 지어 깔끔하다. 오전 9시에 나오는 한상 가득한 조식에 마음이 풍요로워진다.

충주 / PLACE 23

수안보 온천랜드

ADD
충북 충주시 수안보면 온천리 주정산로 32
TEL
043 855 8400
COST
홈페이지 참고

일제강점기였던 1916년, 수안보 최초로 문을 연 온천이다. 스키장과 국립공원, 문경새재와 충주댐 등 주변 관광지와 접근성이 좋아서 레저와 관광, 온천을 모두 즐길 수 있는 복합 관광 단지로 명성이 높다.

충주 / PLACE **24**

최응성 고택

ADD
충북 충주시 살미면 중원대로 2220
TEL
010 5485 7744
COST
전화 문의 / 조식 1인당 10,000

충주에서 잠시 머무를 한옥을 찾고 있다면 이곳을 놓쳐선 안 된다. 조선 숙종 때 문장가 최응성의 집이었던 이곳은 오늘날 유형문화재로 지정되었다. 꽃이 핀 마당과 정자가 있는 연못에서 자연과 더불어 살아간 선조들의 기품을 느껴볼 수 있다.

충주 / PLACE **25**

충주호반펜션

ADD
충북 충주시 목벌길 456
TEL
010 2060 2192
COST
1박 80,000 ~ 110,000

계절마다 변하는 충주호의 수려한 경관을 즐기기에 제격인 펜션이다. 남벌마을에서 충주나루로 이어지는 드라이브 코스의 시작점이기 때문에 자가운전 여행객이 묵기 좋다.

01 | 아이의 손을 잡고

제천과 충주에는 재미있는 놀이와 맛있는 간식, 그리고 다양한 문화를 경험할 수 있는 장소가 있다. 모두 아이의 손을 잡고 방문하기 좋은 곳이다.

제천	청풍문화재단지	/ 역사 속으로 들어가다
제천	덩실분식	/ 추억의 간식을 아이와 함께
충주	충주라바랜드	/ 인기만점 애니메이션 '라바' 테마파크
충주	충주라이트월드	/ 빛을 주제로 한 테마파크

---

02 | 도시 생활에 지친 당신에게

회색빛에 둘러싸여 살아가는 당신에게 자연과 함께 쉴 수 있는
네 곳을 소개한다.

제천	박달재자연휴양림	/ 소나무 숲에서 숨쉬다
제천	더프라우드리조트	/ 반려동물과 함께 찾는 리조트
충주	탄금대	/ 가야금 소리가 들릴 것 같은 산책로
충주	호수로1010	/ 호수가 내려다보이는 카페

---

03 | 드라이브를 위한 여행

차를 몰아 충주호를 천천히 따라가면 쌓여 있던 고민이 한 겹씩 날아가는 기분이 든다. 그 끝에 좋은 장소가 기다리고 있다면 드라이브가 더욱 근사해지지 않을까.

제천	커피라끄	/ 주유 후 커피 한 잔
제천	카페슬로비	/ 청풍호를 보며 마시는 핸드드립 커피
충주	88개의 바람개비를 돌리다	/ 기차 소리를 들으며 즐기는 여유
충주	충주호반펜션	/ 본격적으로 드라이브 가기 전에 갖는 휴식

04 | 놓칠 수 없는 먹거리 여행

여행하면 식도락을 빼놓을 수 없다. 제천과 충주에서만 맛볼 수 있는 음식을 판매하는 식당을 모았다.

제천	명광식당	/ 모녀가 만드는 올챙이묵과 메밀전병
제천	원뜰	/ 약선 음식 전문점
충주	대장군식당	/ 다채로운 꿩 요리
충주	중앙탑메밀마당	/ 메밀로 만든 음식과 치킨의 조화

---

05 | 연인과 여행을 위해 알아두자

사랑하는 사람과 여행할 때 자신 있게 추천할 수 있는 장소를 꼽아보았다.

제천	리솜포레스트	/ 좋은 풍경과 스파를 동시에 즐길 수 있는 곳
제천	SIGNAL ON	/ 아날로그 음악 감성
충주	실희원	/ 식사, 후식, 분위기까지 훌륭한 한옥 카페
충주	째즈와산조	/ 분위기와 음악에 취하는 곳

---

06 | 사람들과 어울리며 즐기는 여행

활동적인 사람을 위한 코스로, 사람들과 어울리며 에너지를 얻는 이를 위한 장소를 소개한다.

제천	청풍호 관광 모노레일	/ 편하게 즐기는 자연
제천	청풍게스트하우스	/ 여행자들과 함께하는 와인 파티
충주	탄금승마클럽	/ 중원문화의 중심에서 말과 함께
충주	최응성 고택	/ 고택에서 즐기는 전통 체험

아는 **동네**

동네를 경험하는 새로운 기준

도시 콘텐츠 전문 미디어
iknowhere.co.kr

매거진 | 큐레이션 | 콜렉션 | 아카이브

아는동네, 아는이태원 매거진 #클럽
이태원 소프 서울 앞

© 조혜원

아는여행 02 **제천 그리고 충주**

초판 1쇄 인쇄 2018년 4월 27일
초반 1쇄 발행 2018년 5월 10일

발행인 홍주석
프로젝트 매니저 문재필
기획 조수영·김태호
에디터 이혜인·박경국
사진 최연정·조혜원
디자인 박소언
일러스트 이진희·김주연
교정·교열 박성숙
사진협조 더프라우드리조트·디투어스 캠프클럽·리솜포레스트·문성자연휴양림
박달재자연휴양림·서유숙·수안보 온천랜드·제천시청·청풍게스트하우스·청풍문화재단지
충주라바랜드·충주라이트월드·충주시청·충주호반펜션·탄금승마클럽·한국관광공사
지원 대한민국 테마여행 10선 사업
ISBN 979-11-961009-3-3

㈜어반플레이

TEL 02 3141 7977
contact @ urbanplay.co.kr
www.urbanplay.co.kr
www.iknowhere.co.kr

ⓒ 2018 어반플레이 Printed in Korea

파본이나 잘못된 책은 구입처에서 바꾸어드립니다.
이 책은 저작권법에 따라 보호받는 저작물이므로 무단전재와 무단복제를 금지하며,
이 책의 내용 일부 또는 전부를 이용하려면
반드시 사전에 저작권자와 출판권자의 서면 동의를 받아야 합니다.
책값은 뒤표지에 있습니다.